改訂版 日本の遺跡 1

西都原古墳群

北郷泰道 著

「西都原台地」の船塚（265号墳）

鬼の窟古墳（206号墳）石室内部

空から見た西都原古墳群

100号墳全景

酒元ノ上終末期地下式
横穴墓群覆屋の内部

171号墳の葺石と埴輪列

169号墳（飯盛塚）出土の子持家形埴輪と
170号墳（雑掌塚）出土の舟形埴輪
（国重要文化財）

目 次

カバー写真
陵墓参考地（男狭穂塚・女狭穂塚）

改訂版

西都原古墳群

I　謎解きの始まり

1　謎多き古墳群

「そういうことか」と思わず独り言ちる。

その頃、私は休みの度に西都原(さいとばる)古墳群を訪れていた。いく度目かのとき、まだ幼かった子供を遊ばせながら、芝生に寝転がり、前方後円墳の連なる様を眺めていた。そして、遊ぶ子供とその後ろに位置する前方後円墳が重なったとき、これらは、「累代一系列としてではなく、複数系列の首長墓の集合として理解すべきなのだ」と思い当たった。

一九八五（昭和六十）年に出版された末永雅雄総監修・石野博信編集の『日本史・空から読む』西日本編（日本航空写真文化社）は、万の単位が二桁台の高額な本となり、その後「東日本編」は断念にいたったようだが、「宮崎県」の執筆を誘われ、引き受けた。航空写真で遺跡を紹介するとなれば、宮崎県では古墳群を取り上げるのが多くなるのはやむを得なかったが、当時大規模な発掘調査を継続中であった「学園都市遺跡群」や、日向神話の伝承の地である「高千穂峰（たかちほのみね）」や「江田神社・阿波岐原（あわきがはら）」なども取り上げた。しかし、何といっても執筆の難関は「西都原古墳群」であった。

古墳時代の地理的意識を、北限は列島弧最北端の前方後円墳角塚（つのづか）古墳（岩手県胆沢（いさわ）町）を象徴として岩手・秋田県、南限は最南端の前方後円墳を含む塚崎（つかざき）古墳群（鹿児島県高山（こうやま）町）が所在する大隅半島肝属（きもつき）平野と考えたとき、なかでも西都原古墳群が特異な相貌をもって立ち現れてくることに気づく。

すなわち、列島弧最南端に位置する最も大規模な古墳群、とくに量産され密集する柄鏡形前方後円墳、陵墓参考地とされた二基の巨大古墳、南九州独自の在地墓制である地下式横穴墓の混在など、なぜこうした古墳群が南九州の地に築造されたのか。いわば西都原古墳群は、「謎多き」古墳群だったのである。

そのためか、それまで発表されていた西都原古墳群に関する論文等は、考古学史に燦然と輝く大正時代の調査成果の確認に留まり、その羅列の域を出ることができないでいるように思われた。新たな視点で古墳群の群構成・群構造を「史的構造」として理解し、その歴史的な変遷を「史的変遷」として理解する試みは、どうしても必要であった。しかし、西都原古墳群の史的変遷とは、いったいどのように考えられるべきものなのか。思いあぐねながら、ともかく古墳群を歩き尽くした。

その頃、考古学界の常識（学説というには根拠のない）という呪縛があった。何よりも古墳時代にかぎらないことであったが、中央から地方あるいは「辺境」へと、文化の波はすこぶる緩やかに波紋を広げるといった暗黙の前提があった。一つのまとまりをもつ古墳群は、首長を頂点とする一つの勢力を単位とするが、中央（畿内）に比して辺境（日向）へ、象徴的には前方後円墳の伝播・成立には時間差が、当然のごとく「ある」とみなされていた。しかし、「もの」の形の変遷を物差しとする編年観からすると、定型的な前方後円墳である女狭穂塚を成立せしめた以降もなお、古式とみなされる柄鏡形前方後円墳が残存したとするには、たとえ「辺境の時代遅れ」としても納得しがたいものがあった。

西都原古墳群のうち、最も古墳の密集した台地上の「第一古墳群」「第二古墳群」「第三古墳群」とよび習わされた地区には、一八基の前方後円墳がひしめき合い、あるいは連なるように分布している。このうち、明らかに六世紀代と見なされる前方部の充実した二基を除くと、いずれも前方部が低く細長い、いわゆる柄鏡形前方後円墳である。少なくとも、五世紀前半の時期を当ててもよいと考えられる女狭穂塚の定型的な前方後円墳の墳形を、一つの定点とするとき、それに比して古式と見られる一六基の前方後円墳は、古墳群の築造開始が五世紀初頭を大きくさかのぼらないとされた当時の編年観からすれば、五世紀初頭から四世紀代に押し上げられ、編年の枠組みに収まらないどころか、溢れ出してしまうのだった。

2　史的変遷の「あらすじ」

単純な「算数」としても、これら柄鏡形前方後円墳は、一代の統治時期を二〇年として、一六代を一系列の首長系譜と想定すれば、三二〇年もの永きにわたり築造されたことになる。それだけでも古墳時代の時間尺を使い切ってしまうことになるのだった。しかし、一系列ではなく、たとえば

「四」系列の首長墓系譜を想定すれば、一六基÷四系列＝四代の首長墓系譜とみることによって、八〇年程度、一世紀の時間幅のなかに収まるではないか。

こうして、当時は古墳群築造の開始時期を四世紀前半までとする根拠をもちあわせていなかったため、四世紀半ばに始まる複数系列の首長墓系譜を想定し、遅くとも五世紀前半に男狭穂塚・女狭穂塚へと首長墓系譜が統合される変遷を考えた。

そして、ここまで謎解きすることができれば、以後はいたって素直な展開を想定できた。すなわち、五世紀後半から六世紀前半に前方後円墳に現される首長墓の築造は、西都原の台地上においては中断され、一ツ瀬川対岸の新田原古墳群（新富町）へと移動する。そして、西都原においては、地下式横穴墓を埋葬主体部とする円墳群の築造が中心となり、ふたたび、前方後円墳が再登場するのは六世紀の後半、二六五号墳（船塚）・二〇二号墳（姫塚）の二基が「第三古墳群」と「第一古墳群」とに離れて築造され、六世紀末に巨石を用いた横穴式石室である二〇六号墳（鬼の窟古墳）で首長墓が終焉する。

この時期、編年的に示すにはまだ史資料的に根拠が弱かったため、空間的・平面的変遷を示すに留めたが、これがはじめて描き出した「謎の西都原古墳群」の変遷の「あらすじ」であった。持田（高鍋町）・川南（川南町）など他の古墳群における首長墓の変遷も同時に考察したが、川南古墳群での二四基現存する前方後円墳の半数以上を占める、一四基の墳長三〇メートル前後から四〇メートル前後の小規模な前方後円墳の「量産」について一考を要することを除けば、おおむね素直な首長墓の変遷を追うことができるのに対して、やはり西都原古墳群は特異な変遷を示す古墳群であることをあらためて考えさせられた。

ここに示した「あらすじ」は、後に詳しく述べる一九九五（平成七）年に始まる整備にともなう発掘調査の成果など、その後の研究成果の積み重ねによって、跡付けられ、また補強されながら今日にいたっている。

Ⅱ　西都原古墳群の位置づけ

1　突出した南九州の古墳

歴史的な所産である遺跡は、『文化財保護法』によって史跡として指定され、未来に歴史をつなぐ役割を担って保護されることになる。その史跡の指定については、宮崎県ならではの特別な事情がある。「皇祖発祥の地」、日向神話への精神的な依存が色濃く残されていた時代、旧法『史蹟名勝天然記念物保存法』によって一九三三（昭和八）年にはじまり一九四四（昭和十九）年までの戦前・戦中に、古墳といえる古墳はほとんど、悉皆的に国や県の史跡に指定された。古墳が「神話」的世界を保証するものと考えられていたためである。こうした指定の傾向は、まさに宮崎県特有のもので、全国でも他に例を知らない。閉塞が解かれて口の開いた、あるいは偶発的に発見され存在の知られた横穴墓や地下式横穴墓を含めて、指定の総基数は二〇六六基に及んだ。飛び地的に存在する古墳は単独の古墳として指定されたが、ほとんどの古墳は当時の町村単位などで一括して指定された。

史跡指定された古墳については、一つの約束事があり、史跡指定は保護を基本とするため、とくに埋葬主体部の発掘調査は原則として認められていない。宮崎県下で古墳の発掘調査が極端に少ないのはこのためである。

ちなみに、宮崎県の国指定史跡（特別史跡を含む）の総数は九二一基、内訳は前方後円墳一二〇基、円墳七二七基、方墳五基、横穴墓六八基、地下式横穴墓一基である。また、県指定史跡の総数は一一四五基、内訳は前方後円墳五七基、円墳六〇四基、方墳一基、横穴墓四二五基、地下式横穴墓四一基、その他箱式石棺など一七基である。合計二〇六六基、前方後円墳一七七基、円墳一三三一基、方墳六基、横穴墓四九三基、地下式横穴墓四二基、その他一七基である。しかし、残念ながら、一九八〇（昭和五十五）年から県教育委員会が実施した総点検事業で国・県指定あわせて総数四七六基の崩壊ないしは滅失が確認されている。

それでも、この時期に指定されなかった古墳の存在が、新富町や佐土原町などで知られはじめ、近年の西都原古墳群をはじめとする発掘調査で削平古墳の存在も知られるなど、実際に築造された古墳総数の正確を期すことはもとより不可能に近いが、横穴墓・地下式横穴墓とその他を除く総数一五一四基という古墳数は、古墳であることに疑問符がつくものも含めて、目につく古墳という古墳が指定されたおかげで、プラス・マイナスを考慮しても限りなく実態に近い数字として認識しても間違いはない。

いずれにしても、前方後円墳の総数一七七基（山間部に所在する数基は、前方後円墳であることが疑われるものも含まれてはいる）という数字は、九州島内に存在するなかでも際立っている。『前方後円墳集成』九州編（一九九二、山川出版社）による旧国名で数え上げた前方後円墳数は、同書では「日向」を一五〇基と数えているが、それでも「筑前」の一四二基（内、前方後方墳五基）を上回っている。ちなみに、現在の県単位としての福岡県では、「筑後」の四四基を合わせた一八六基となる。逆に、大隅・薩摩が分置される以前の旧日向の範囲からは、大隅一二基、さらに薩摩一基を加えたものを「日向」地域の前方後円墳総数と理解してもよい。

また、前方後円墳の規模の上では、女狭穂塚（日向）・男狭穂塚（日向）・生目三号墳（日向）・唐仁大塚一号墳（大隅）・岩戸山（筑後）・横瀬（大隅）・生目一号墳（日向）・石人山（筑後）・小熊山（豊後）・生目二二号墳（日向）の順位となり、九州での上位一〇位内の五基を日向（大隅を旧日向として加えれば七基）が占めており、他は筑後の二基と豊後の一基だけである。

これらの基数や規模の上から見ても、いかに九州島のなかで「日向」の地が突出した様相をもつことが容易に理解できるであろう。

2　地政学的位置づけ

西都原古墳群は、宮崎県のほぼ中央、一ツ瀬川の中流域右岸に位置する。日向灘の海岸線からは内陸へ約一三キロメートルの地点である。この位置はきわめて重要で、周囲の新田原古墳群や茶臼原古墳群（西都市）などを含めれば、流域に形成された古墳は、県内のじつに三分の一近くを占め、「爆発的」とも形容したい古墳群形成を見せている。県都・宮崎市、県内最大の平野の中央を貫流する大淀川流域ではなく、また北に位置する小丸川流域でもない、一ツ瀬川流域の果たした役割は重要なものであった。

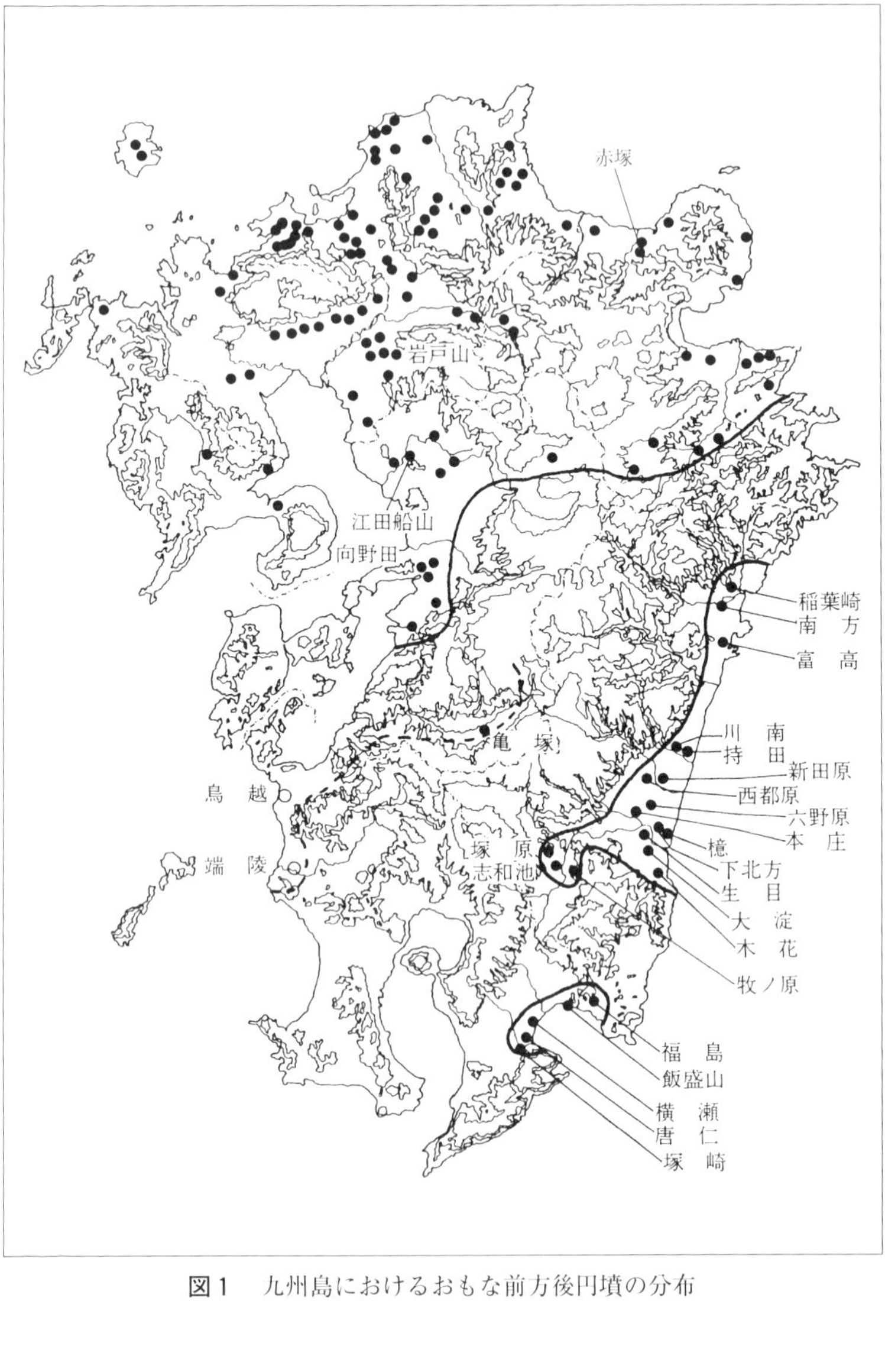

図1　九州島におけるおもな前方後円墳の分布

西都原古墳群を中心点として、東西南北四分割して、それぞれの地域の在り方を理解することは、そうした位置づけを地政学的にも鮮明にするように思われる。東西に分けたとき、東は海浜・平野部の地域であり、西は山間・内陸部の地域である。西都原の地は、宮崎平野の扇の要としての位置にあり、北西は山岳地帯が障壁のように立ちはだかっている。

さらに南北の区分を加えると、北東地域は、現在の行政区域では、木城町の東半分・高鍋町・川南町・都農町で「児湯（こゆ）郡」に属する。この「児湯」の地名が重要な意味をもつことを、後に知ることができるであろう。この地域は、海浜部まで迫り出した台地地形が優勢で、小丸（おまる）川下流域の台地に形成される川南古墳群・持田古墳群などの大規模古墳群が立地する。また、海岸線に面した都農町には、「積石塚」の存在が指摘されているが実態は不明であり、その存在には疑問符がつく。木城町にも横穴式石室をもつ小規模な古墳群の存在が知られ、内陸部に近い丘陵地の発達した地域では、横穴墓の存在も知られる。

南東地域は、現在の行政区域では、新富町・佐土原町・宮崎市と一ツ瀬川流域からその南の大淀川流域の平野の中心へと連なる。この地域は、台地というより細尾根の丘陵地形が優勢で、横穴墓の群集が知られ、平野部に突き出した丘陵上に池内横穴墓群・蓮ヶ池横穴墓群（宮崎市）などが知られている。また、大淀川流域には生目古墳群・下北方古墳群（宮崎市）、内陸部に向かって本庄古墳群（国富（くにとみ）町）などが位置する。

北西地域は、現在の行政区域では、木城町の西半分・西米良村・南郷村など山間部の地域へと連なり、古墳の存在は希薄となり、前方後円墳の存在は知られていない。

南西地域は、現在の行政区域では、国富町・綾町・高岡町で「東諸県郡」に属する。この地域から以西は高城町・野尻町など山間部とその間に盆地が連なる。「西諸県郡」「北諸県郡」などの郡部に分かれるが、この「諸県」も重要な意味合いをもつ地名として記憶に留めておきたい。台地地形が優勢であり、国富町を境に古墳の存在を地下式横穴墓が凌駕し、前方後円墳の存在は、高城町・高崎町・都城市の接する都城盆地の北部で途絶える。

3　西都原古墳群の立地

「原」とは、今から二万五〇〇〇年前、現在の錦江湾・桜島、つまり始良カルデラの大噴火にともなう火砕流によって形成された台地地形を典型とする南九州独特の火山灰台地のことである。新田原・茶臼原・六野原、そして西都原である。

西都原古墳群は、おおよそ東西二・六キロメートル、南北四・二キロの範囲に分布する古墳の総称である。基盤は、葺石に用いる人頭大から掌大の川原石を供給することも可能な段丘礫層である。もちろん、一ツ瀬川流域では、より多くの石材を入手できたであろう。段丘礫層の上には、アカホヤ火山灰を代表とする火山灰と火山起源の土壌が堆積し、台地を形成している。

北西部に位置する標高一一八メートルの高取山を最高位として、おおむね南北に延びる標高六〇〜八〇メートル級の台地が形成されている。高取山の西側に広がる背面は深い谷によって西の台地と区画されている。男狭穂塚・女狭穂塚の陪塚である一六九・一七〇号墳は高取山の裾部に広がる標高八〇メートル台の高台に位置し、その南に一七三号墳（前方後円墳）を始めとする小古墳群が立地する。基本的に男狭穂塚・女狭穂塚は、この標高の斜面地の土量を、巨大古墳の築造の基盤として成立している。

さらに、緩やかな傾斜をもって六〇メートル台の台地が東西一・五キロメートル、南北一・七キロメートルの範囲で広がり、周囲には大小の谷地形が派生する。この台地面に古墳群のいちばんの密集が見られる。また、東と南の裾野に広がる標高三〇メートル台は「中間台地」とよばれるが、ここにも小規模な単位を認定できる古墳群が形成されている。さらにこれを取り囲むように標高一〇メートル以下の沖積地が広がり、古墳群の最南端の一群が分布する。

4　「西都原」という地名

古墳群の立地する台地を、「西都原」といつの頃からよぶようになったのか、日高正晴がこれらを詳細に追跡している。今日では、原点となるべき元史資料の所在が不明となっており、日高の記録がほとんど唯一の資料である。

まず、一一七三（承安三）年の「石貫神社申上口上書」が取り上げられている。そのなかには「可愛田原」とあり、最も古い呼称として指摘している。次に、一五五八（永禄元）年の「妻宮縁起書」を上げ、そこには「児湯郡斉殿原笠狭崎」とあり、この時期には「斉殿原」とよばれ、西都原の台地周辺は「笠狭崎」と呼称されていたとみている。

そして、この斉殿原の呼称は、一六九一（元禄四）年の「覆野大神宮由来」に「児湯郡三宅郷櫛木斉殿原」、その後も、一八二五（文政八）年には児玉実満が『笠狭大略記』のなかで「圳木斎殿原」と記していることを指摘している。しかし、『大略記』をさかのぼる八年前の一八一七（文化十四）年、石灯籠の竿と見られる石柱に「寺原

西都原　若衆中」とあり、これが「西都原」名の初現とみている。この石柱は、現在も男狭穂塚への「参道」の両脇に存在する。

これらのことから、平安時代末期には可愛田原、室町時代末期から江戸時代中頃までは斉殿原とよばれ、江戸時代の文化・文政年間頃から「西都原」の表記が用いられるようになったとみてよいであろう。

ちなみに、若干の注釈を加えれば、「覆野大神宮」は「三宅神社」の別名、「可愛田原」の「可愛」を冠して「可愛山陵」とすれば男狭穂塚のことである。一三九四（応永元）年の三宅神社の「当郡旧社大祭、中、下祭定控」による三大祭の一つが「山陵祭」で、室町時代から男狭穂塚に対する祭事が行われていたことがうかがわれる。また、「笠狭崎」は、『古事記』・『日本書紀』に表れる「邇邇藝命（瓊瓊杵尊）」が「木花佐久夜毘賣（木花之開耶姫）」と出逢う場所が「笠沙御前（笠狭碕）」とされている。ただし、これには現在の鹿児島県川辺郡笠沙町の野間岬を当てる説もあり、少なくとも南北朝に象徴されるように室町時代において『記・紀』の記載を巡る解釈が盛んに行われ、そうしたなかで『記・紀』記載の土地と現実の土地との比定が行われるなかで、西都原の地を笠狭崎としたのであろう。したがって、室町時代にさかのぼることが『記・紀』記載の正当性を裏づけるものではなく、すでに室町時代には現実的解釈がさまざまに行われ、「神話」が新たに一人歩きしはじめた時代であったと理解した方がよい。

本書では、人物名等について『記』における表記と、括弧書きで『書紀』における表記を記載した上で、初出以下の記述では漢字などが馴染みやすい『書紀』の表記で記述したい。

Ⅲ　西都原古墳群の研究史

1　大正時代以前

一八二五（文政八）年、児玉実満が『笠狭大略記』に男狭穂塚・女狭穂塚などを記録に留めたのが、西都原古墳群に関する文献の最初である。ついで、一八三二（天保三）年には中村忠次の『日向可愛山陵図書』、一八五二（嘉永五）年には本部定就の『日向山陵考略』、一八六九（明治二）年には『日向国児湯郡三宅村神社取調書』などの記録があり、一八七八（明治十一）年には井上厳水が『日向国可愛山陵並諸陵取調書』で古墳の側面と平面のスケッチを著し、一八八〇（明治十三）年には竹下雄一郎の『三山陵発見進達書類集』、一八八六（明治十九）年には日高篤重の『日向三山陵実地證明誌』などとつづき、一八八四（明治十七）年には平部嶠南が『日向地誌』を著し、そのなかで西都原古墳群にも触れている。

また、世界的な視野からは、一八七二（明治五）年から一八八八（明治二十一）年まで滞日したイギリス人ウィリアム・ゴーランドが鬼の窟古墳の略測図を描き、紹介している。

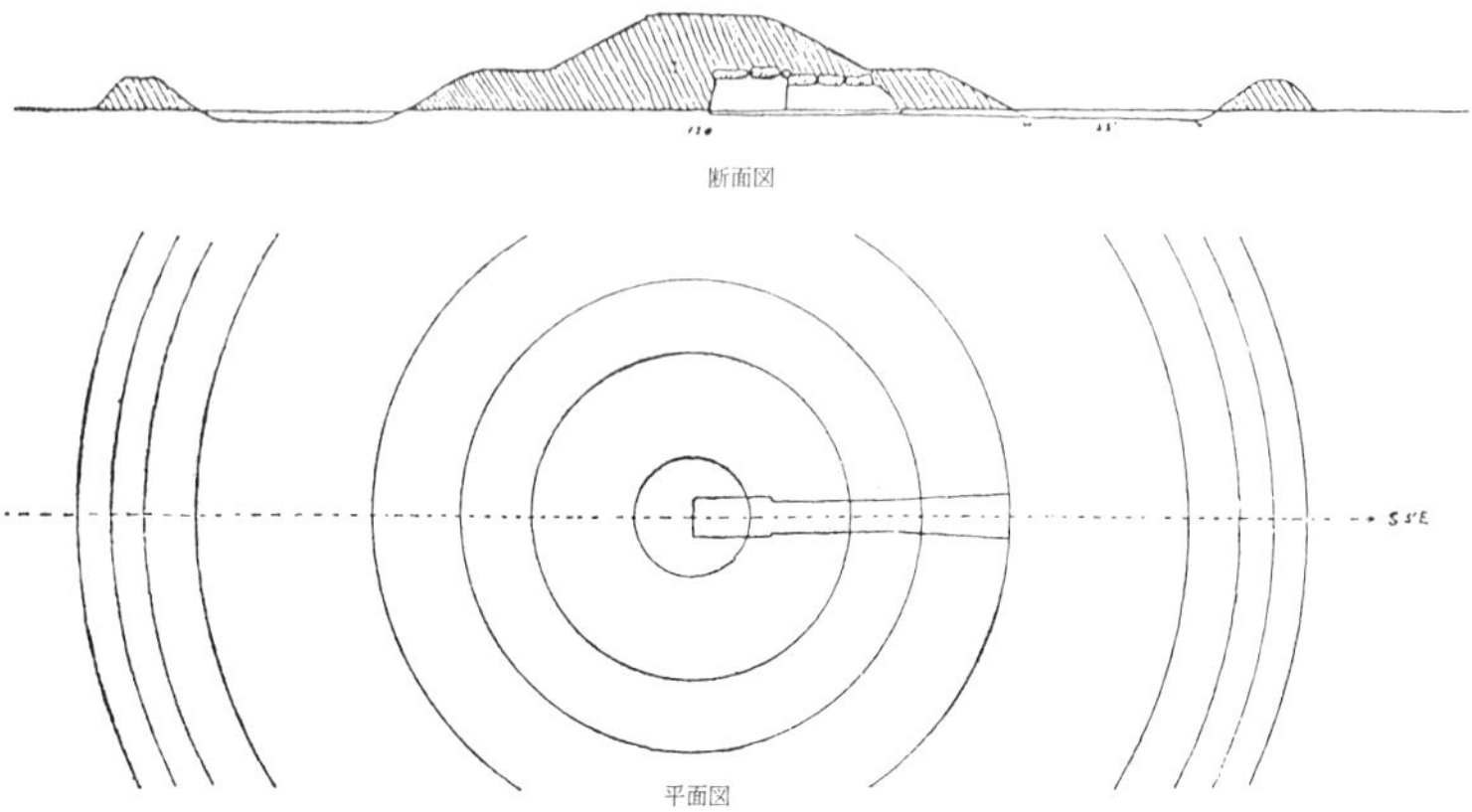

図 2　「妻（日向）の段丘付墳丘のドルメン（鬼の窟古墳）」とするゴーランドの略測図

なお、男狭穂塚・女狭穂塚は、一八九六（明治二十九）年に宮内庁により陵墓参考地に治定されている。

2　大正時代の画期

調査の目的と携わった人びと

西都原古墳群の大正時代の発掘調査は、考古学史上初めての本格的な古墳の発掘調査として位置づけられている。有吉忠一宮崎県知事の発案になる古墳群の発掘調査が、「皇祖発祥の地」と称される宮崎県、すなわち古代日向の歴史を実証しようとするものであったことは、間違いない。それは、時代的制約の文脈で理解されることである。

有吉は、坂口昂（京都帝国大学。以下、人物名にともなう括弧内は、原則として当時の所属等で記述）に相談をもちかけ、さっそく、調査の担

図 3　第一次調査時の調査員（左から坂口昜・喜田貞吉・関保之助・黒板勝美、一人おいて今西龍・永友宗年・三浦敏、一人おいて濱田耕作）

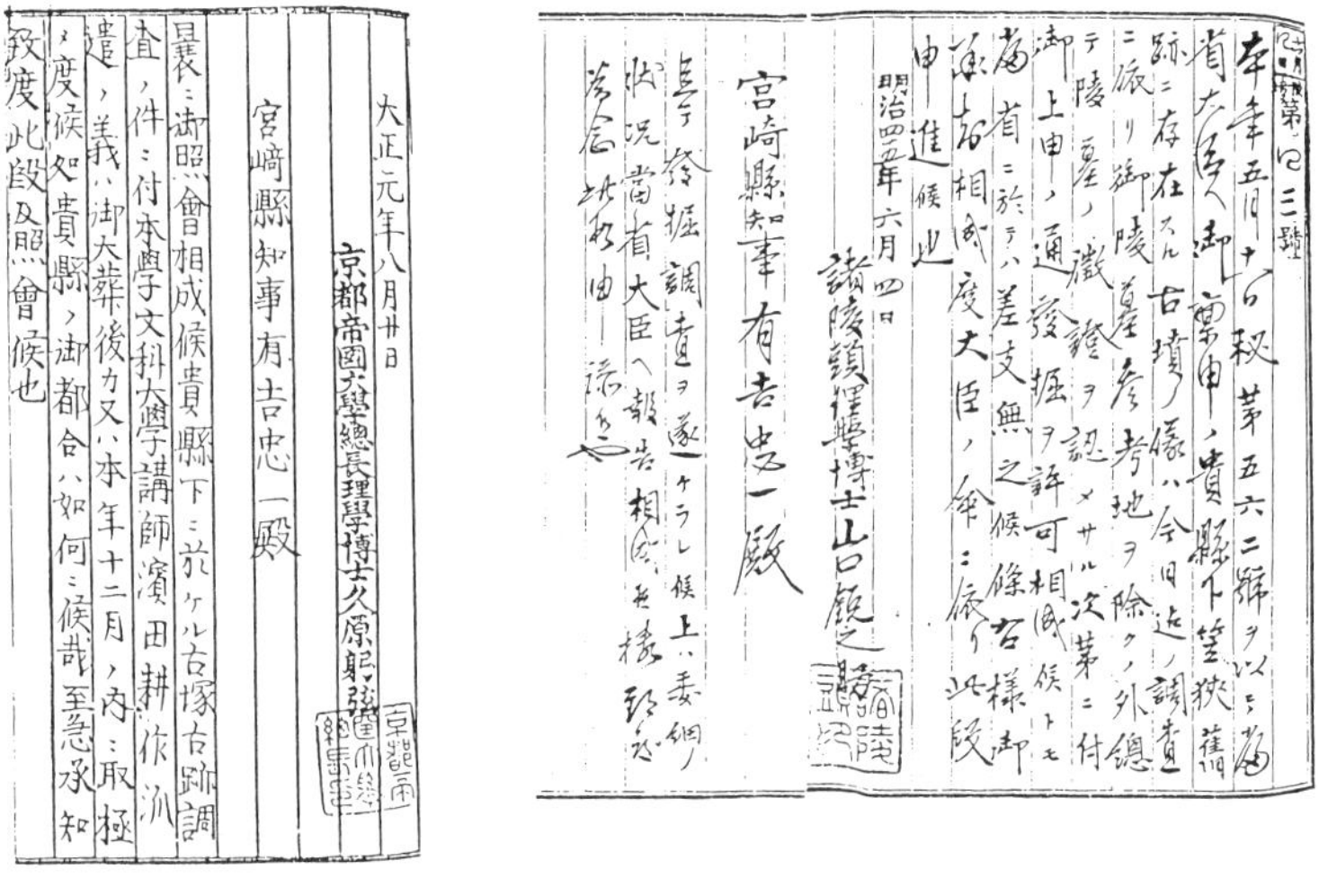

本年五月十日秘第五六二號ヲ以テ當省大臣ヘ御稟申ノ貴縣下並稱舊跡ニ存在スル古墳ノ儀ハ今回追ノ調査ニ依リ御陵墓参考地ヲ除ク外總テ陵墓ノ徴證ヲ認メサル次第ニ付御上申ノ通リ發掘ヲ許可相成候トモ當省ニ於テハ差支無之候條右樣御承知相成度大臣ノ命ニ依リ此段申進候也

明治四五年六月四日

諸陵頭猪熊博士山口鋭之助

宮崎縣知事有吉忠一殿

追テ發掘調査ヲ遂ケラレ候上ハ委細ノ状況當省大臣ヘ報告相成候樣致度此段申添候也

京都帝國大學總長理學博士久原躬弦

大正元年八月廿日

宮崎縣知事有吉忠一殿

曩ニ御照會相成候貴縣下ニ於ケル古塚古跡調査ノ件ニ付本學文科大學講師濱田耕作派遣ノ義ハ御大葬後カ又ハ本年十二月ノ内ニ取極メ度候ニ付貴縣ノ御都合ハ如何ニ候哉至急承知致度此段及照會候也

図 4　発掘許可通知と濱田耕作派遣の打ち合わせ文

図5　第六次調査時の調査員（前列左から梅原末治・中山平次郎・原勝郎、後列左から三人目原田淑人、撮影濱田耕作）

当者を同大学の濱田耕作として準備が進められた。その後、関保之助（東京帝室博物館）、増田于信（宮内省）が参加し、さらに東京帝国大学からも黒板勝美が加わることになった。

そして、調査に加わった錚々たる考古学者・歴史学者・人類学者や関係者を列挙すれば、今西龍（京都帝国大学）・柴田常恵（東京帝国大学）・三浦敏（延岡中学校）・喜田貞吉（京都帝国大学）・本山彦一（大阪毎日新聞社・東京日々新聞社）・鳥居龍蔵（東京帝国大学）・小川琢治（京都帝国大学）・島田貞彦（京都帝国大学）・梅原末治（京都帝国大学）・原田淑人（東京帝国大学）・内藤虎次郎（京都帝国大学）・原勝郎（京都帝国大学）・原田仁（測量士）である。

第一次調査に最も多くの学者たちが参加し、増田と関が一六九・一七〇号墳のみを調査している以外は、とくに二〇二号墳（姫塚）と七二号墳

（一本松塚）の二基の前方後円墳の調査には、先の二人を除く学者が入れ替わり立ち替わり参加している。ちなみに、七〇・七一号墳は黒板・今西・三浦の三名、七三・二七四号墳は今西、一七一号墳は濱田・柴田、二〇七号墳はそれに今西が加わり、二〇五号墳は柴田が行っている。

なお、大正時代の西都原古墳群の発掘調査の報告書については、斎藤忠の監修・編集により『宮崎県西都原古墳調査報告書』（一九八三、西都市教育委員会、第一書房）として復刻されている。また、遺物については、東京国立博物館、京都大学総合博物館、そして県立西都原考古博物館に分散して保管されている。

謎の測量士

原田仁は、考古学の黎明期、京都帝国大学の濱田耕作に認められ、国内外の遺跡調査における測量を担当し、貴重な資料を残した。トランシットと平板測量といった現在の測量の基本を、考古学に最初にもち込んだ人物として知られている。しかし、その一生は謎に満ち、波乱の生涯であった。

原田については、測量中の原田を目撃している同郷の日高正晴と、京都大学でつながりがあった坪井清足が書き残している。崇福寺（滋賀県大津市）の塔跡出土の秘宝の盗難事件や、小林行雄から切符を買ってもらい京都駅まで送り届けられながら、宮崎行きの汽車を向日町駅で下車し、払い戻した汽車賃を京都の南の玄関口といわれる中書島で使い果たした逸話など、その破天荒な人生については坪井に詳しい。

原田は、一九〇八（明治四十一）年に西都市妻町に生まれた。実家は妻活版所という印刷業を営み、測量技術をいかに身につけたかについては明らかではない。ただ、坪井の書き留めたところによれば、妻町の営林署で測量技術を身につけたとしている。ちなみに『笠狭大略記』の一九三四（昭和九）年の復刻版は、原田の実家から出版された。

西都原古墳群の測量を実施したのは、一九三四（昭和九）年から一九三六（昭和十一）年にかけてのことであった。約五〇基について、測量図を作成している。その成果を発表したものが濱田耕作らがまとめた『日本古代文化研究所報告　第十西都原古墳の調査』（一九四〇）であった。その前年一九三九（昭和十四）年には、『宮崎縣史蹟名勝天然記念物調査報告第十一輯　新田原古墳調査報告』（一九四一、宮崎県）に収録される新田原古墳群の測量を行い、その後も梅原末治との関係で持田古墳群の測量も行い、『持田古墳群』（一九六九、宮崎県教育委員会）に収録されている。

また、京都大学の調査研究団の一員として、一九三九（昭和十四）年に内蒙古自治区大興安嶺の慶陵（遼の皇帝三代、東陵・中陵・西陵の三陵の総称）の測量、翌年一九四〇（昭和十五）年には中国山西省大同の雲崗石窟の立面平面図などを作成している。

後年、彼は罪を得て宮崎刑務所内の人となり、扇形運動場や建物の改築に際して遺物を発見し、一九四三（昭和十八）年にそれを記録にまとめ印刷物としている。刑務所長が「序」を寄せ、執筆者は〇〇〇の伏せ字となっているが、本文一〇頁、写真四頁の『宮崎刑務所構内遺蹟および遺物について』と題された小冊子である。

この彼が指摘した遺跡こそ、後に「浄土江遺跡」と命名され、古墳時代を中心とした拠点集落の様相を明らかにした遺跡であった。現在では、科学技術館等が建設され宮崎市文化の森公園として整備されているが、刑務所移転と再開発にともない発掘調査が実施された。その後、さらに東側に広がる微高地上でも大町遺跡などが発掘調査され、これらの調査を通じて、現在は市街地に没した謎の広島古墳群の築造にかかわったと推定される集団の生活跡が知られることになったのである。

一九五〇（昭和二十五）年、原田仁は四二歳の若さで他界した。

3　「風土記の丘」整備事業前後

大正時代の発掘調査以降、一九二九（昭和四）年から一九三〇（昭和五）年に起こったとされる持田古墳群（高鍋町）の大盗掘事件を経て、宮崎県における古墳時代研究は、まったく凍結された格好となった。西都原古墳群における調査成果も、偶発的な地下式横穴墓の発見をおいて他になかった。しかし、そのなかでは四号地下式横穴墓の発見は、従来の地下式横穴墓「観」の変更を迫る画期的なものであった。

一九六八（昭和四十三）年は、全国第一号の「風土記の丘」整備事業による西都原古墳群の整備が終了し、県総合博物館の分館として西都原資料館が開館した年であり、時機を得て、石川恒太郎が『宮崎県の考古学』（一九六八、吉川弘文館）を著し、西都原古墳群を含めて、はじめて県内の考古学の成果を集成した。また、日高正晴は、地元西都市教育委員会の発行として『西都原の古墳』（一九六八）を著し、西都原古墳群の紹介に努めた。なお、石川は、埋蔵文化財保護行政の体制が整うまで、宮崎県の考古学をほとんど一人で牽引した在野の考古学者で、その後、地下式横穴墓を集成するなかでも西都原古墳群の地下式横穴墓にも触れている。

茂山護（西都原資料館）は、宮崎考古学会第一

回研究発表会において「西都原古墳群調査古墳の再確認」（一九七二）と題する発表を行い、それまで各研究者によって不統一であった調査古墳の旧番号と新番号とを対比し、整理した。現在の古墳番号は、この段階での整理を踏襲し、新番号が定着している。しかし、全体としては、後に触れるように古墳と認定されているが不確かなもの、未指定古墳の存在などもあり、再度整理を行う必要がある。

一九九三（平成五）年まで、宮崎大学で民俗学・考古学を講じていた田中熊雄（稔隆）は、幅広い見識と着想を基にした重要な仕事を残している。西都原古墳群に関しては、『西都原古墳群研究資料』（一九七四、宮崎大学教育学部日本史研究室）のなかで、原田仁の実測図から各前方後円墳の断面図を集成している。平面形の上からは、経年変化をともなう柄鏡形前方後円墳の墳形に微妙な変化を積極的に読み取ることがむずかしいが、断面、すなわち前方部と後円部との高低差の変化を読み取ることで、彼自身は言及していないが、少なくとも数種類に類型されることを示したのである。しかし、詳細な点においては、原田作成の実測図の精度に、精緻を極めた実測図から手抜きとも見られる荒い実測図など、ばらつきが認められることから、最新の航空測量図ないしは手取り測量図による再点検の必要があった。

田中茂（宮崎県総合博物館）が『探訪日本の古墳』西日本編（一九八一、有斐閣選書）のなかで西都原古墳群を紹介しているが、八〇年までの大方の認識を示すものであろう。

4　新たな調査と成果

「風土記の丘」整備事業の後、しばらくの間、

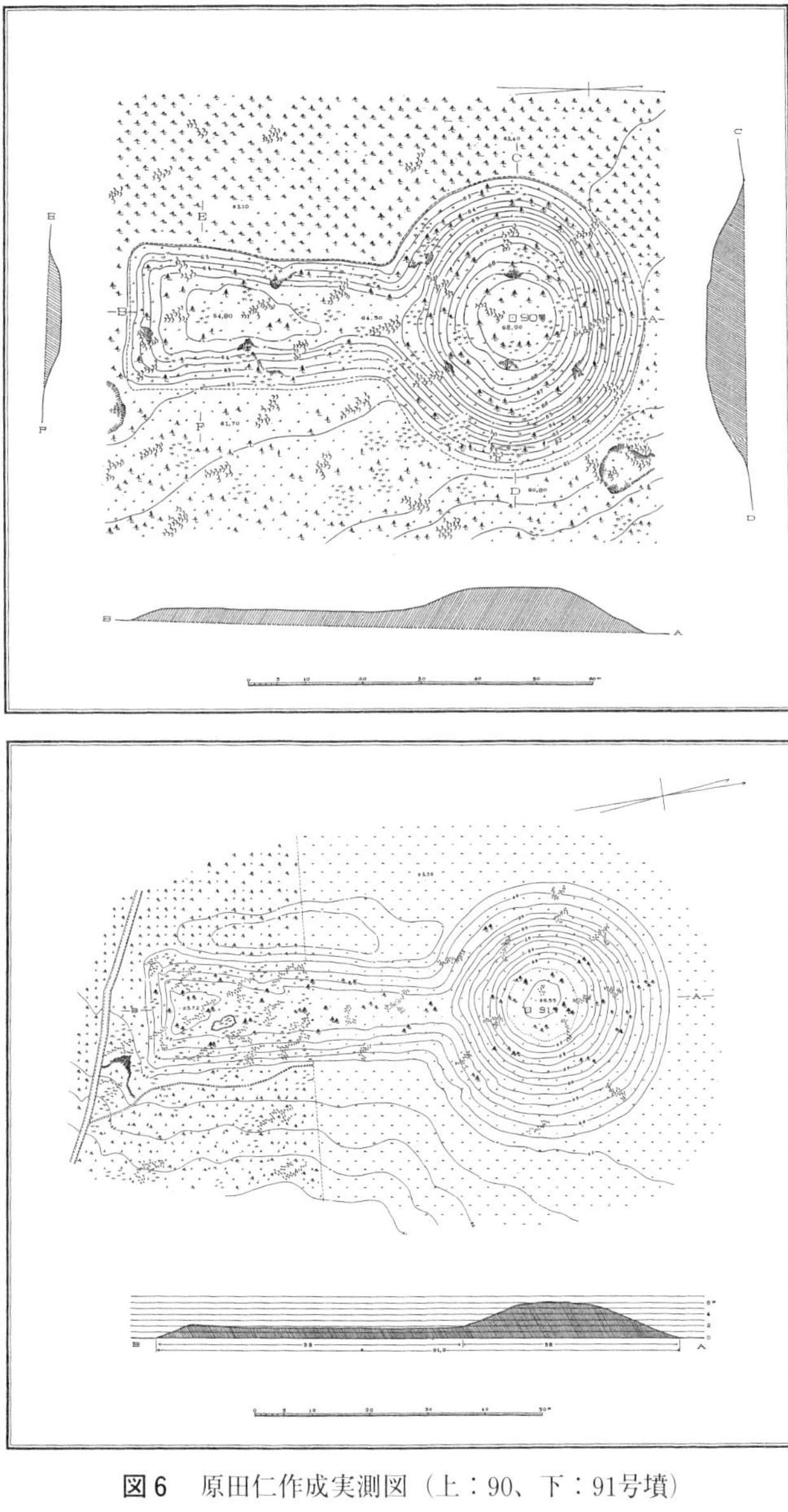

図６　原田仁作成実測図（上：90、下：91号墳）

西都原古墳群に関する調査研究を含めた動きは表舞台から退いた。それは、西都原古墳群に留まらず、宮崎県内における古墳時代の研究は、偶然の発見が調査の契機となる地下式横穴墓の研究の進展に比して、保護のため学術的調査も規制される史跡指定の網のなかで身動きができない状態となっていた。そのなかで、前方後円墳を「首長」の墓とする仮説を前提に、県内の古墳群を踏査し、総体的な県内における古墳時代の掘り起こしを行おうと、私と長津宗重（宮崎県教育庁文化課）は共同研究を進め「首長墓の系譜」（一九八〇・一九八一）として宮崎考古学会において発表を行った。ただし、この段階までは、私自身、五世紀初頭をさかのぼらないとする編年観を変更する材料、あるいは視点をまだもちあわせてはいなかった。

ふたたび西都原古墳群が、文化財保護行政の表面に現れたのは、一九八六（昭和六十一）年から一九八九（平成元）年までの吉野ヶ里遺跡（佐賀県神埼町・三田川町・東脊振村）が脚光を浴び始めてからであった。「風土記の丘」整備以降、いわば放置に近い状態となり、樹木も繁茂し放題の状態が永くつづいていた。そうした現状から新たな整備・活用を求める声は高くなっていった。

そうした時期、網干善教（関西大学）は、『関西大学考古学等資料室紀要』第二号（一九八五）に「古墳築造よりみた畿内と日向」として、男狭穂塚・女狭穂塚の築造企画（規格）について、男狭穂塚を誉田山古墳（伝応神天皇陵、大阪府羽曳野市）の二分の一、女狭穂塚を石津丘古墳（伝履中天皇陵、大阪府堺市）の二分の一などとする見解を発表した。調査・研究が滞るなかで、唯一ともいえる画期的な成果であった。

そして、私は冒頭に触れた『日本史・空から読む』においてはじめて西都原古墳群の変遷を具体的に論じ、その後「南部（宮崎・鹿児島）」『古墳時代の研究』10（一九九〇、雄山閣出版）で再論するとともに、南九州の考古学的世界の全体像を論じるなかで、新たな見解を含めて『熊襲・隼人の原像』（一九九四、吉川弘文館）で西都原古墳群を取り上げた。また、「西都原古墳群」、「鬼の窟古墳」を『季刊考古学』（一九九二、一九九九、雄山閣出版）に、また整備・活用事業について「古墳群から歴史を読みとる大規模整備」として『史跡等整備のてびき―保存と活用のために―』（二〇〇五、同成社）などに発表している。

長津宗重は、『古代学研究』一〇二（一九八四）に「各地域における最後の前方後円墳―宮崎県―」として首長墓の最後を整理し、また『前方後円墳集成』のなかで、西都原古墳群を含む県内の前方後円墳の集成を行い、西都原古墳群の築造変遷を複数系列の首長墓としてとらえ、その変遷に触れている。ただし、この段階では県内の前方後円墳の測量図は、原田仁の作成した段階のものが中心で、十分に資料化が進んでいない状態であった。その後、二〇〇〇（平成十二）年に同『集成』の補遺編が刊行され、県史編纂に際して作成された航空写真による測量図や、県教育委員会での大規模整備にともない作成した、県史編纂の段階で実施できなかった全体的な測量と、前方後円墳それぞれの測量図が収録されることになった。

なお、一九九七（平成九）年に、自治体単独として初めて行うことができた陵墓参考地の測量調査は、こうした西都原古墳群の基礎資料を整備する必要性が理解された上に成り立った事業であった。

柳沢一男は、宮崎大学に赴任して以来、県下の前方後円墳の詳細な測量図を精力的に作成し、

『宮崎考古』第一三号（一九九四）に「宮崎県の古墳資料」など、成果を発表している。その測量図によって古墳開始時期を、畿内とほとんど時間差をおかず併行する時期まで引き上げて編年するなかで、南九州における古墳群形成の変遷について整理し、『宮崎県史研究』第九号（一九九五）に「日向の古墳時代前期首長墓系譜とその消長」など、見解を公にしている。基本的には、纒向類型、箸墓類型、西殿塚類型、行燈山類型など、それに柄鏡形を数類に分類して古墳群の変遷を描いたものである。経年変化を示す現状の測量図を基にした大胆な類型設定と編年案であるが、整備にともなう発掘調査などを通じて検証を行うためにも必要な仮説の提出といえるだろう。しかし、後に述べるように、畿内の大王陵を中心とする古墳から直截に類型を求めるに際しては、時期的な配慮が必要であろう。すなわち、古墳築造開始期からおおむね四世紀代は、古墳築造にかぎらず、住居形態や土器様式なども地域色や地域差が大きく、下って五世紀代の須恵器の操業に関しても初期的には一元的とはいえない状況が明らかとなっている今日、単純な類型化による枠組み自体再考すべきである。

在野にあり、現在もなお考古学の研究を精力的につづけている宮崎考古学会会長の日高正晴は、永年にわたって直接西都原古墳群とその周辺の遺跡に接してきた彼ならではの「西都原観」の集大成ともいうべき『古代日向の国』（一九九三、NHKブックス）、『西都原古代文化を探る』（二〇〇三、鉱脈社）を刊行している。なお、古墳群の優れた景観の保全は、時に孤軍奮闘の日高に担われてきた。

研究史については、石川悦雄（宮崎県総合博物館）が宮崎県総合博物館で開催された特別展図録

『西都原発掘七五周年展』（一九八八）でまとめているが、この間に『宮崎県史』資料編・考古2（一九九三）、通史編・原始・古代1（一九九七）と『宮崎県史叢書』宮崎県前方後円墳集成（一九九七）が刊行され、西都原古墳群を含む県内考古資料の集成が図られている。

西都原古墳群発掘調査等年表

調査年	調査内容等	調査者	報告書
一九一二（大正元）	**第一次調査**。七二号墳・二〇二号墳（前方後円墳）・五一号墳・七〇号墳・七一号墳・七三号墳・一六九号墳・一七〇号墳・二〇五号墳・二〇七号墳・二七四号墳（円墳）・一七一号墳（方墳）	黒板勝美・今西龍・浜田耕作・坂口昻・三浦敏・増田于信・関保之助・柴田常恵	
一九一三（大正二）	**第二次調査**。三五号墳・五六号墳（前方後円墳）・二二号墳・三六号墳・五七号墳・一一五号墳・無号墳（円墳）	鳥居龍蔵	
一九一四（大正三）	**第三次調査**。二七号墳・八四号墳（円墳）	今西龍・梅原末治、報告者：小川琢治	
一九一五（大正四）	**第四次調査**。二号墳・一五二号墳・一五六号墳・一五九号墳・一六〇号墳（円墳）	柴田常恵・原田淑人	黒板勝美ほか『宮崎縣兒湯郡西都原古墳調査報告』（宮崎県）
一九一六（大正五）	**第五次調査**。一三号墳（前方後円墳）	内藤虎次郎・今西龍	
一九一七（大正六）	**第六次調査**。二六五号墳（前方後円墳）・八〇号墳・無号墳（円墳）	浜田耕作・梅原末治・原田淑人・原勝郎	濱田耕作ほか『宮崎縣西都原古墳調査報告』（宮崎県）
一九一八（大正七）			鳥居龍蔵ほか『宮崎縣史蹟調査報告第三冊』（宮崎県）
一九二八（昭和三）	鬼の窟古墳の南に地下式横穴墓、発見。（西都原で確認された第一号の地下式横穴墓とされるが、明治末にも鬼の窟古墳の周辺で地下式横穴墓が発見されたとの情報もある。	日野巖宮崎高等農林学校教授	

一九三二（昭和七）			日野巌「西都原古墳群地下式横穴の遺物配列状態」『日向』（第七輯、日向郷土史会）
一九三四（昭和九）	『史蹟名勝天然記念物保存法』（大正八年制定）により史跡に指定。		久保平一郎『古墳群西都原』（神武天皇御東遷二千六百年記念古墳祭児湯郡西部地方奉賛會）
一九四〇（昭和一五）			濱田耕作・原田仁・久保平一郎『日本古文化研究所報告 第十 西都原古墳の調査』（日本古文化研究所）
一九五二（昭和二七）	『文化財保護法』（昭和二五年制定）により特別史跡に指定。		
一九五六（昭和三一）	この年を前後して、一一一号墳裾の四号地下式横穴墓を含む三基の地下式横穴墓、発見。	日高正晴・寺原俊文	
一九五八（昭和三三）			日高正晴「日向地方の地下式墳」『考古學雑誌』（第四三巻第四号）
一九六一（昭和三六）	この年から一九六四（昭和三九）年の間、中間台地の石貫地区で七基の地下式横穴墓発見。	日高正晴	
一九六五（昭和四〇）	「風土記の丘」整備事業着手。		
一九六七（昭和四二）	五号地下式横穴墓を含む、三基の地下式横穴墓、発見。	日高正晴	
一九六八（昭和四三）	西都原資料館（県総合博物館分館）開館。一基の地下式横穴墓、発見。	日高正晴	
一九七〇（昭和四五）	八号地下式横穴墓、発見	日高正晴・茂山護	

一九七二（昭和四七）	九号地下式横穴墓、発見	日高正晴・茂山護	
一九九三（平成五）	「西都原古墳群保存整備活用に関する基本計画」の検討		
一九九四（平成六）	西都原台地上の農地基盤整備事業に伴う発掘調査が、西都市を調査主体として行われる。	＊開発事業に伴う発掘調査は西都市教育委員会、整備事業に伴う発掘調査は宮崎県教育委員会が調査主体となって実施している。	
一九九五（平成七）	『西都原古墳群保存整備活用に関する基本計画』策定。二〇六号墳（鬼の窟古墳）、発掘調査及び復元整備。西都原古代生活体験館、建設着手。		＊以後、年次的に整備に伴う発掘調査の概要報告書及び本報告書が宮崎県教育委員会から刊行されている。
一九九六（平成八）	西都原古代生活体験館、建設継続。		
一九九七（平成九）	西都原古代生活体験館、開館。二〇六号墳・一三号墳（前方後円墳）、発掘調査。陵墓参考地男狭穂塚・女狭穂塚の測量調査を自治体単独の事業として始めて行う。		
一九九八（平成一〇）	西都原古墳群遺構保存覆屋（酒元ノ上終末期地下式横穴墓群）、建設着手。一七三号墳（前方後円墳）発掘調査。		
一九九九（平成一一）	宮崎県立西都原考古博物館、基本設計。西都原古墳群遺構保存覆屋、建設継続。一六九号墳（円墳）・一七一号墳（方墳）、発掘調査。また、考古博の建設予定地の発掘調査を行う。		
二〇〇〇（平成一二）	西都原古墳群遺構保存覆屋、開館。西都原考古博物館、実施設計。		
二〇〇一（平成一三）	西都原考古博物館、工事等着手。一〇〇号墳（前方後円墳）、発掘調査及び葺石保存整備。		
二〇〇二（平成一四）	一一一号墳（円墳・四号地下式横穴墓）、発掘調査及び見学施設整備。一六九号墳（円墳）、発掘調査。		
二〇〇三（平成一五）	四六号墳（前方後円墳）、発掘調査（継続）。一六九号墳、発掘調査及び復元整備。		
二〇〇四（平成一六）	西都原考古博物館、開館。八一号墳（前方後円墳）、一七〇号墳（円墳）発掘調査（継続）。陵墓及び陵墓参考地に対しては初めての男狭穂塚・女狭穂塚の地中探査調査が、三カ年計画で始まる。		

Ⅳ　基本資料の確認

1　年代観の整理

はじめに、現在での大方の「共通用語」となり得ていると思われる編年を整理しておきたい。『前方後円墳集成』は現在考え得る基準を示したものであるが、基本的にはその整理に導かれながら、あらためて須恵器については田辺昭三案を元とし、土師器については都出比呂志案を参考としながら寺沢薫の整理を活用した。呼称についてはは都出を、時期的な観点については寺沢に近いものとなっている。また、埴輪については川西宏幸案を元にしている。これらと、暦年代についての本書での年代観を示している。

2　群構成と群構造の認識の前提

現在「特別史跡」として指定されている古墳「群」は、他に岩橋千塚(いわせせんづか)古墳群（和歌山県和歌山市）だけである。なお、西都原古墳群では、密集する地帯では面的な保護を図り、また墳丘だけではなく周溝を含む範囲の保護を図る意味から、一

表１　本書での年代観（編年）一覧

西暦	前方後円墳集成編年	須恵器	土師器	埴輪
	1		庄内式 古・新	
300	2		布留式 古	Ⅰ
	3		布留式 中	Ⅱ
	4		布留式 新	Ⅱ
400	5			Ⅲ
	6	TK73		Ⅳ
	7	TK216 TK208		Ⅳ・Ⅴ
	8	TK23 TK47		Ⅴ
500	9	MT15 TK10		Ⅴ
	10	TK43		
600	10	TK209		
660		TK217		

九七二（昭和四十七）年・一九九七（平成九）年・一九九八（平成十）年・二〇〇二（平成十四）年と四次の追加指定を行い、現在では約五八ヘクタールが指定面積となっている。

宮崎県内では、先に述べた国・県指定の史跡の名称は、便宜的に市町村単位や広い範囲を便宜的に包括したものが多く、それで呼称するのが一般的である。ただし、国指定の名称は「〇〇古墳群」とされているが、さいわい県指定の名称は「〇〇古墳」としており、史跡のなかの古墳という「種類」を指示する名称で、「群」としての認識を示すものではない。古墳群を考古学的に理解しようとするとき、その名称を使用することはかならずしも史的構造を理解するのに適したものではないため、「古墳群」としての認定が必要である。「群」の認定と指定名称とは、別の問題であることを認識しておく必要がある。

「古墳群」として位置づけるのは、周辺の古墳との距離関係や地形的隔絶によって区画しうる古墳が、一定の地理的範囲のなかで「群」を形成している状態を示している。古墳群の盛衰は、もとより列島弧全体の動向と連動しつつ、地域社会の動態を示すものである以上、まったく孤立して存在するわけではない。したがって、古墳群の存続は、時代を通じて継続型・断絶型・中断再開型など、当該築造集団の盛衰を現すものである。しかし、分布状況や勢力単位について、一定の自己完結的な要素を認められるまとまりが古墳群である。

そうしたことから、たとえば新田原古墳群は、いわゆる新田原台地の広範な範囲に分布する古墳を一括した総称であるが、地理的にも距離を隔て、地形的にも区分される独立的・自己完結的なそれぞれについて、「古墳群」とよび分けるのが適切である。そして、考古学の基本に従って小字名を冠して呼称するのが、適切であろうと思う。近年では、そのような意味からすでに、祇園原古墳群・山ノ坊古墳群などとよび分けられているのは適切であろう。しかし、従来からのよび習わされた呼称の継承と混乱を避ける意味からは、ていねいには新田原－祇園原古墳群・新田原－山ノ坊古墳群などと表記するのが親切かもしれない。

これに対して、西都原古墳群も同様に包括的な名称であるものの、新田原古墳群と比較したとき、いわゆる西都原台地とその周辺に分布する古墳の総体であり、小さな単位に分け得るとはいえ、東西二・六キロメートル、南北四・二キロメートルの広がりは、全体として一定のまとまりと、周辺の古墳群とは地理的に区分された自己完結的な要素を認めないわけにはいかない。

それは、結論的にいえば、同祖的意識を紐帯として、相互同盟的あるいは連携的な諸集団によって築造された古墳群として理解されるためである。したがって、かねてから呼称してきたように、「支群」として理解することが、古墳群の史的構造と史的変遷を理解するために意義のあることと考えている。「支群」とは、概念的には大きな幹から枝分かれするかのように、立地条件等を共有し大きな「母群」を構成しながら、基本的には小さな単位に分けることができる古墳のまとまりを意味している。

3　構成する古墳数

『日本古文化研究所報告　第十　西都原古墳の調査』の記述によれば、西都原古墳群の総基数は、男狭穂塚・女狭穂塚を除いて、一九三四（昭和九）年の史跡指定の基数は二八二基、その後の調査により四五基が追加され三二七基、したがって男狭穂塚・女狭穂塚を加えたときは三二九基としている。ちなみに、墳形ごとの内訳は、前方後円墳三二基、方墳一基、円墳二九六基としている。

現在は、宮崎県教育委員会が管理する『指定台帳』上の基数三〇九基を「公数」とし、陵墓参考地である男狭穂塚・女狭穂塚を加えた総数三一一基（内訳・前方後円墳三一基、方墳二基、円墳二七八）としている。

先の基数との差は、一九五二（昭和二十七）年に特別史跡として指定され、その後の公有化の際にも指定に含まれなかった古墳があるためと考えられる。実際、再整備にともなう点検において数基の「未指定」古墳の存在を確認し、追加指定もしている。また、今日までに発掘調査によって確認された削平古墳の存在もあり、先に述べた「公数」をすこし整理すると、円墳一五基がプラス、一基がマイナスとなり、一四基をプラスした合計

表２　西都原古墳群各支群の構成一覧

支群名	古墳総数	内訳 前方後円墳	円墳	方墳	備考
第１－Ａ支群	88	6	82		『台帳』上は87基。無号古墳１基追加。
第１－Ｂ支群	10	1	9		『台帳』上は８基。酒元ノ上で削平古墳、姫塚周辺に無号古墳の２基追加。
第２－Ａ支群	11	5	6		
第２－Ｂ支群	24	5	18	1	101号墳（方墳）
第３－Ａ支群	52	－	52		『台帳』上は51基。保存整備に伴う確認調査で削平古墳１基追加。
第３－Ｂ支群	36	1	35		『台帳』上は35基。圃場整備に伴う確認調査で削平古墳１基追加。
丸山群	5	2	2	1	陵墓参考地男狭穂塚・女狭穂塚を含む。前方後円墳に帆立貝形の男狭穂塚も含む。
寺原第１支群	17	3	14		『台帳』上は16基。市教委調査の半壊古墳の寺原古墳１基追加。
寺原第２支群	11	1	10		『台帳』上は12基。道路で分断された前方部と後円部を２基と数えているため１基減。
鷺田支群	24	2	22		『台帳』上は20基。国分遺跡の削平古墳２基と未指定古墳２基の４基追加。
尾筋支群	18	4	14		
鳥子支群	4	1	3		
堂ヶ嶋支群	25	－	25		『台帳』上は20基。堂ヶ嶋遺跡の削平古墳２基と追加指定古墳３基の５基追加。
合計	325	31	292	2	

三二五基を現在知り得るかぎりの西都原古墳群の基数とすることができる。

しかし、酒元ノ上「終末期地下式横穴墓群」の墳丘状の高まりも数字に加えることも可能であろうし、円墳については、たとえば一三号墳の西側に位置する一群など、番号を付した標柱の設置されたなかにも古墳と認定するにはおぼつかない小さな高まりも含まれており、これらは試掘調査等によって古墳であるか否かを明らかにすべきものである。逆に、八一号墳の北側に見られる高まりは古墳の可能性が強いし、発掘調査によって判明する削平古墳の存在などは、とくに宅地化の進んだ中間台地での増加が見込まれる。二桁台で増加する可能性は少ないとしても、最終的な基数の確定にはまだ精査が必要であるが、実数はこの三二五基を若干超えるものであったと理解しておいて間違いはない。

ただし、先の三二九基の内訳で前方後円墳を三二基としていることは、現在確認できる三一基との一基の差が気にかかるが、少なくとも現在では前方後円墳数は三一基と認識している。

4　群構成と群構造の理解

西都原古墳群の群分けを最初に示したのは、先の『日本古文化研究所報告』のなかで「西都原古墳群略説」として執筆した久保平一郎（旧制妻中学）であり、まず古墳群を大きく四区域に分けた。

（一）は「丸山丘陵」。男狭穂塚・女狭穂塚とその陪塚の立地する区域。

（二）は「西都原台地」。鬼の窟古墳を中心として最も密集度の高い区域。

（三）は「国分台地」。西都原台地から一段低く、南に細長く延びる国分寺跡の立地する区域。

（四）は「妻園台地」。西都原台地の東に広がる一段低い区域。

これらを補足すれば、（一）（二）は標高六〇～七〇メートルの洪積台地に立地する古墳で、全体の約七割が集中している。（三）（四）は標高三〇メートル以下の中間台地とよばれる地域に分布する一群である。ちなみに標高一〇メートル以下の沖積地に分布する一群は、（四）に含まれている。

さらに古墳群を「集団」を形成するものとして、一〇の古墳集団に分けている。

第一集団は、先の（二）区域のなかで最も南の一群。

第二集団は、第一集団の北で台地の縁に位置する一群。

第三・第四集団は、（二）区域のなかで最も北の一群。

第五集団は、先の（一）区域の一群。

第六集団は、西都原台地の西に位置する一段高い丘陵上の一群。

第七集団は、第六集団の南に位置する一群。

第八集団は、先の（三）区域のうち、県立妻高等学校（国分尼寺跡）周辺の一群。

第九集団は、さらに南の国分寺跡から南の一群。

第十集団は、先の（四）区域の一群。

近年、いくつかの群分けの案が示されているが、原点に戻る意味からこの群分けをもとに、各見解との対照も行いつつ、支群の構成について整理を試みたい。

「第一－A支群」としたのは、第一集団、また従来から「第一古墳群」とよばれている標高六〇メートル台の台地の南端に群集する一群である。

「第一－B支群」とするのは、南に開析する谷地形を挟んで第一－A支群の西側に位置する姫塚と鬼の窟古墳などが散漫に分布する古墳を一括する。なお、後に詳述するが終末期地下式横穴墓などもここに含む。

「第二－A支群」および「第二－B支群」とするのは、第二集団、また従来から「第二古墳群」とよばれていた、第一－A支群の北側に谷によって区分され、台地縁辺に添うように縦列に並ぶ前方後円墳を主体した一群である。このAとBの支群の区分を、九二号墳の北側に通る現在の道路に求める見解がある。しかし、一見この道路が地形的な区分をなしているように見えるが、円墳群の密集の連続性や、地形の連続性から旧地形を復元

表 3　西都原古墳群各支群分け対象一覧

本　書	濱田ほか1940	北郷1994	柳沢2000	松林2002	小　字　名	備　　考
第 1 － A 支群	第一集団	第 1 古墳群	A 群	A 群	須先・原口二・笹貫畑・酒元ノ上	谷によって東側の群と姫塚・酒元ノ上等とを 2 群に分離。また、時期的にも区分できる。
第 1 － B 支群			A' 群	M群		
第 2 － A 支群	第二集団	第 2 古墳群	B 群	B 群	酒元ノ上・東立野	柳沢・松林の区分は、92号墳の北側。本書では、91号墳と92号墳の間。
第 2 － B 支群			C 群	C 群		
第 3 － A 支群	第三集団	第 3 古墳群	D 群	D 群	東立野・新立・西都原東・権現原	谷によって円墳群と船塚を含む円墳群とを 2 群に分離。方形区画によって墓域が区画される。
第 3 － B 支群	第四集団			N 群		
丸山群	第五集団	丸山支群	E 群	E 群	丸山	男狭穂塚・女狭穂塚とその陪塚。
寺原第 1 支群	第六集団	寺原第 1 支群	F 群	F 群	寺原	地理的に群構成を明確に異にする。
寺原第 2 支群	第七集団	寺原第 2 支群	G 群	G 群		
鷺田支群	第八集団	鷺田支群	H・I 群	H・I 群	鷺田・原口・国分・上ノ宮東・上ノ宮西	地下式横穴墓群と削平墳の存在。
尾筋支群	第九集団	尾筋支群	J 群	J 群	尾筋東上・尾筋東下・尾筋西上・尾筋西下	5 ～ 6 世紀を通じても独立的な群を形成する。
鳥子支群		鳥子支群	K 群	K 群	鳥子長田・竹之脇	尾筋支群と同一系列か？
堂ヶ嶋支群	第十集団	堂ヶ島支群	L 群	L 群	堂ヶ嶋・刎田・寺崎・笹貫畑ほか	広範囲に広がる地下式横穴墓群と円墳群。

するると、ここに存在する地形の起伏は道路建設にともなう地形破壊によるもので、区分のための地形要因にはなっていない。台地の縁辺に築造された前方後円墳がおおよそ南北を主軸にしているなかにあって、九二号墳のみが東西に主軸をもつのは、北側の道路によって分断された旧地形に起因するのではなく、南側の九一号墳（前方後円墳）との間に派生する谷地形に起因していると見た方がよい。この谷によって区画される緩やかな舌状の張り出しを利用し、前方部を築いたため東西を主軸とすることになったのである。したがって、九一号墳から南は八一号墳まで前方後円墳が縦列して並び、ここを「第二－A支群」として分けるところを「第二－B支群」とする。九二号墳を境に前方後円墳が並列して分布する。

次に、「第三－A支群」と「第三－B支群」とするのは、従来の「第三古墳群」、第三集団と第四集団とに分けている範囲に相当する。久保が、二つの集団に区分したのは、その間に谷部があることを見逃さなかったためである。あるいは、「東方に突出せる岬角状の小台地およびその西方」としていることから、むしろ谷部より、突出した地形の延長に立地することに着目していたのかもしれない。いずれにしても単純に一括りにできる「集団」ではないことを、的確に指摘している。

私は、この二「集団」が基本的には同一標高の台地面に立地するものの、ちょうど「第三集団」を囲み込むこの谷地形を、「方形区画」とする認識を示し、その方形区画は、自然の谷地形を基本的には利用しながら、一部人工的な改変を加えたものではないかとの見通しを示したことがある。この区画内に集中する一群を「第三－A支群」、それを取り囲むように台地縁に位置する一群を「第三－B支群」とする。

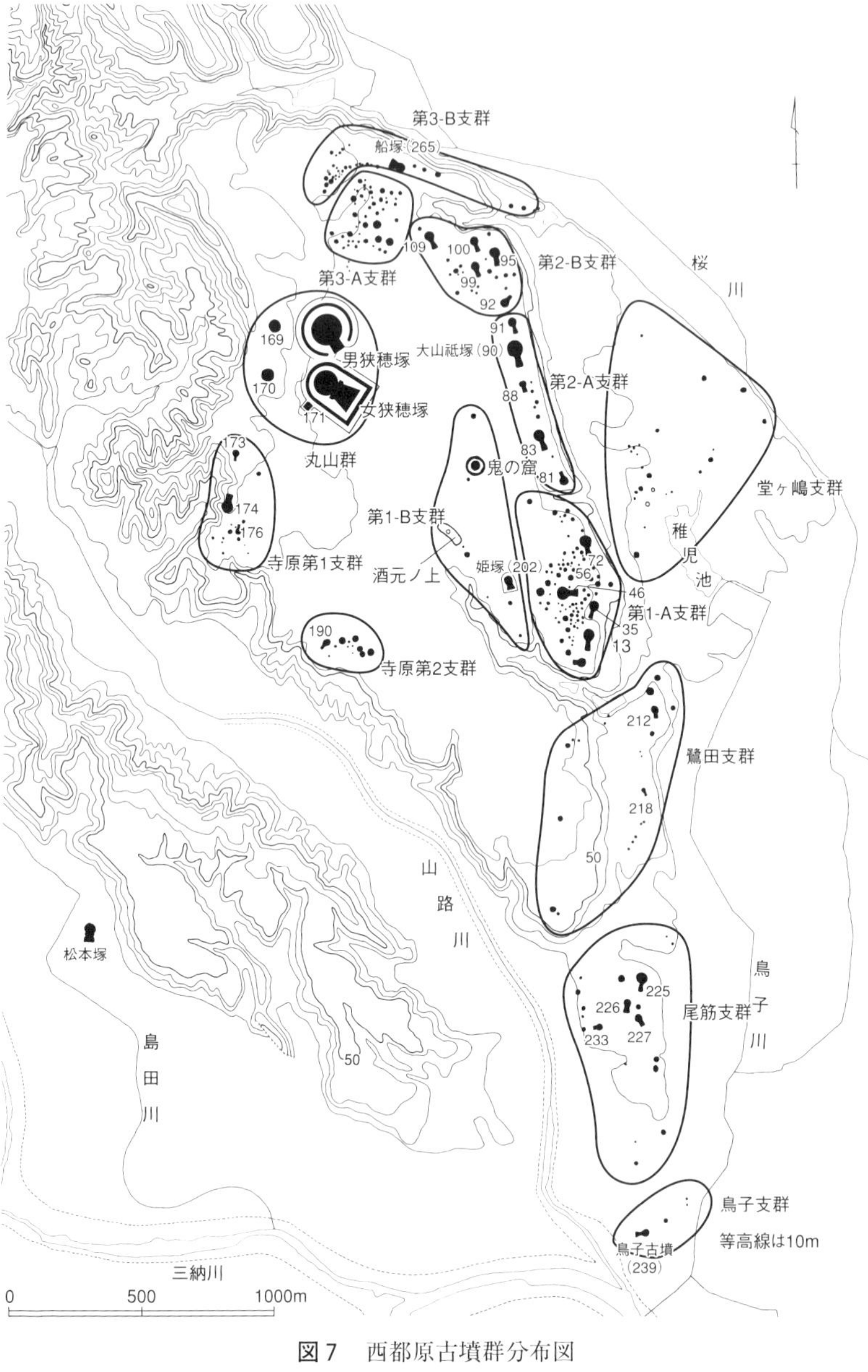

図7　西都原古墳群分布図

図８　第１－Ａ・Ｂ支群分布図

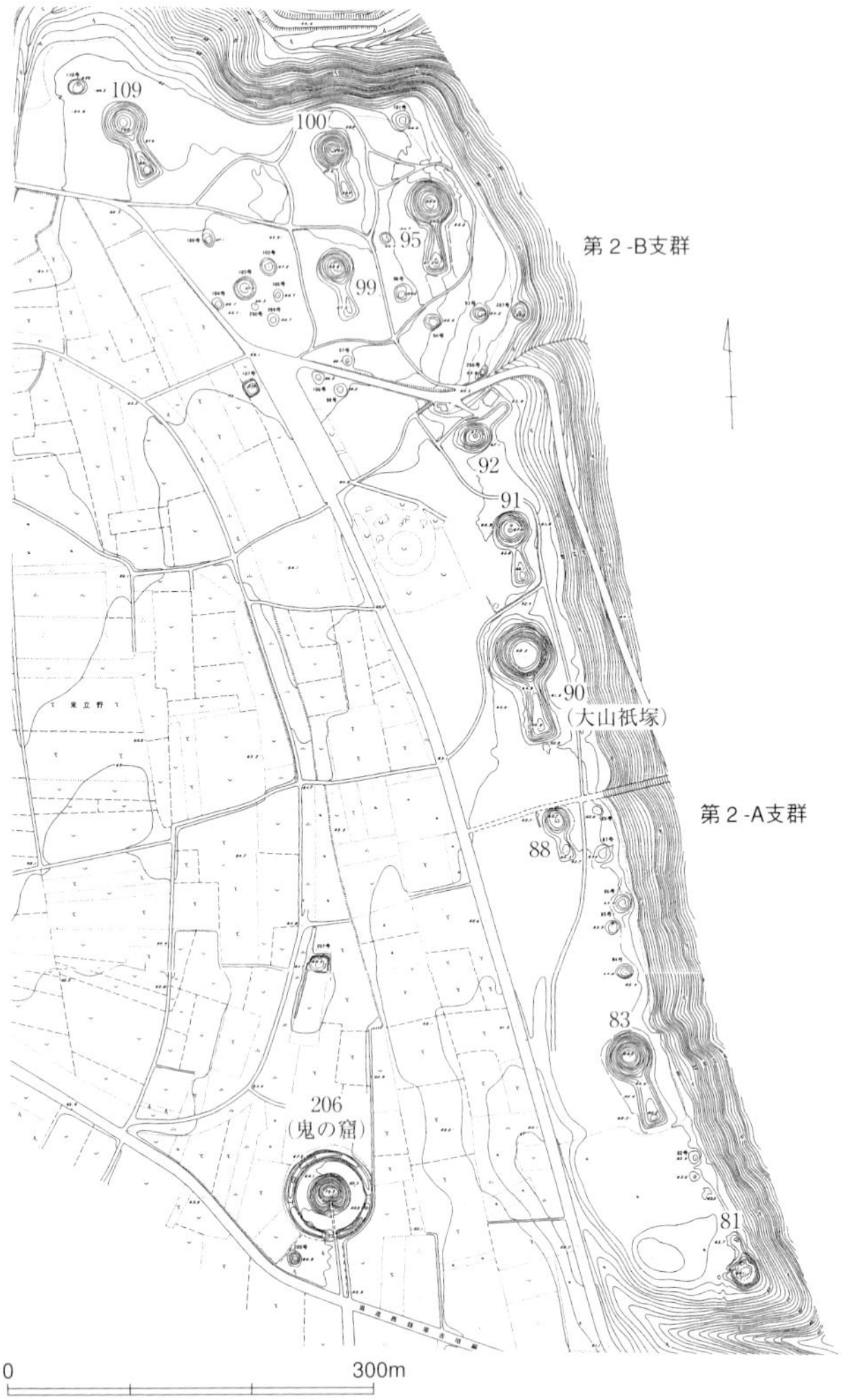

図９　第２－Ａ・Ｂ支群分布図

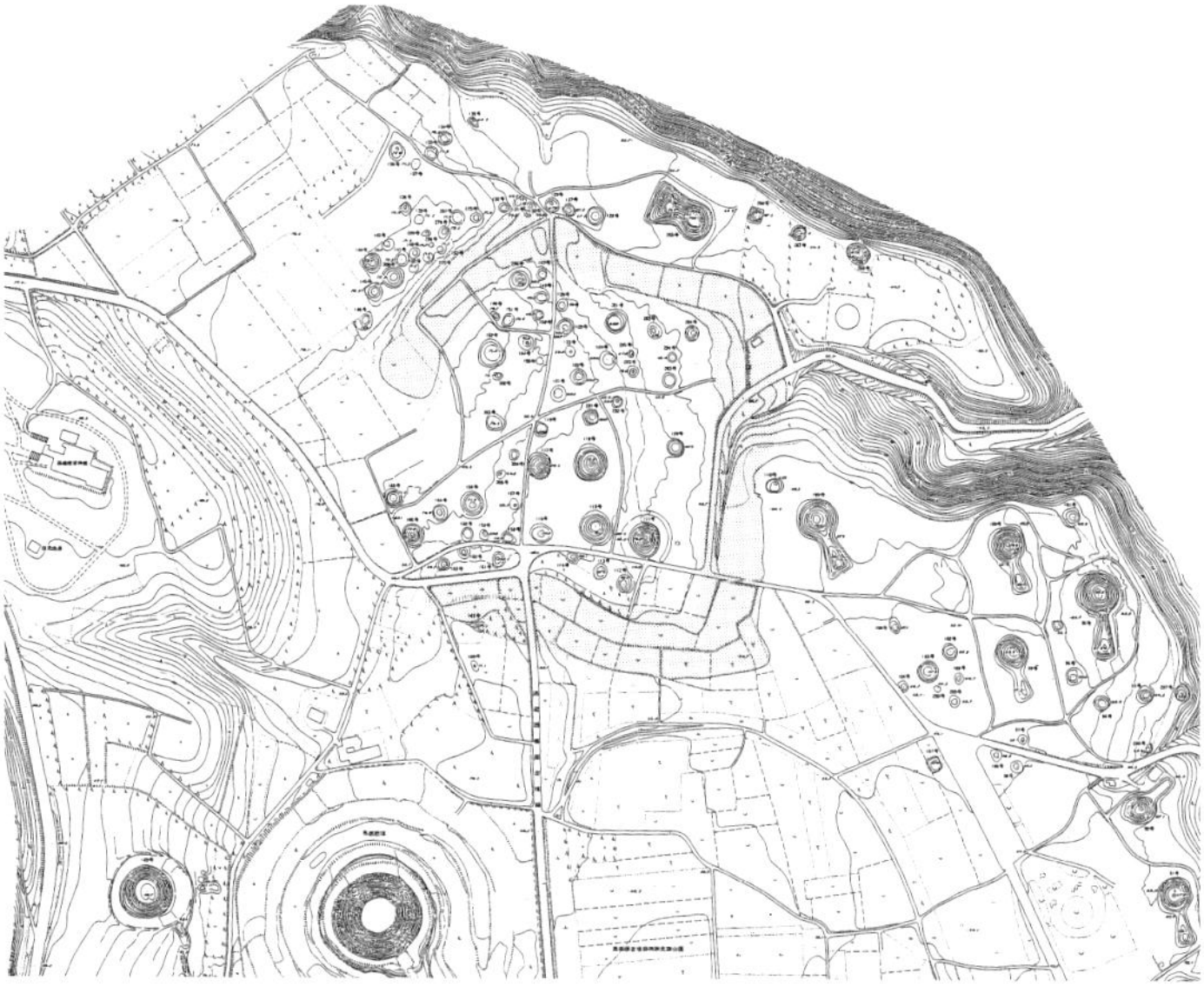

図10　第３－Ａ支群と第３－Ｂ支群と「方形区画」

西都原古墳群の盟主墳である男狭穂塚・女狭穂塚とその陪塚の一群、第五集団については、さすがに「支」群とよび分けることは適当でないため、単に「群」として「丸山群」としておく。

「寺原第一支群」は、第六集団、西都原古墳群のなかで最も認識しやすい、最小の構成単位とすべき小古墳群である。同様に、「寺原第二支群」は、第七集団、これも一群として認識しやすい。なぜこの二支群が比較的認定しやすい分布を形成したのかについては、後に集落との関係で明らかにする。

「鷺田支群」は、第八集団、散漫な分布を示す一群を一括した。指摘されているようにその分布は台地面が高低二面に分かれているので、小字名からとって上ノ宮支群とよび分けてもよいが、その散漫さからここではあえて二支群に分かつことをしなかった。後に触れるように近年、国分遺跡などで削平古墳と地下式横穴墓群が検出され、より密集した墓域が形成されていたことが知られ始めているので、資料の蓄積を待って群分けを再考する時がくるであろう。

第九集団については、国分寺の位置する中間台地に立地する一群を「尾筋支群」として、沖積地に広がる一群を「鳥子支群」として分けた。

「堂ヶ嶋支群」は、第十集団、西都原古墳群のなかで最も広範囲に分布する一群を一括したものである。ここには前方後円墳が認められず、円墳と地下式横穴墓によって構成されるもので、国分遺跡と同じく削平古墳と地下式横穴墓群の密集が知られ始めており、詳細にはさらに小さなまとまりに区分することが可能であり、そのまとまりは有力家族の単位の認定となるが、ここではその可能性を指摘するに留め、支群としては一括しておきたい。

5 発掘調査の成果についての確認

西都原古墳群の史的構造と史的変遷を理解するため、まず基礎的な資料について確認をしておきたい。すでに述べたように大正時代に三〇基が発掘調査された。しかし、時代的制約のなかで、おもに埋葬主体部に焦点を絞った調査しか行われていなかった。一九九五（平成七）年以降の、大規模整備事業にともなう発掘調査の基本方針は、大正時代の調査古墳の再発掘調査、これについては埋葬主体部の再調査を含むが、ことに墳丘の全体像を把握することを主眼とした。また、先の仮説の検証の意味から、築造開始期の解明、いわゆる柄鏡形前方後円墳の細分・編年、終末期の解明などをテーマとし、年次的なライフワークとして計画している。

以下は、大正時代の調査成果と、その再検証を含む新たな調査成果について、各時期に区分して述べることにする。

（一）築造開始〜四世紀代

列島弧における古墳の築造開始期を三世紀の後半に求めるとして、南九州という地理的位置のなかでの西都原古墳群の初現はどこまでさかのぼりうるのか。なお今後の調査研究に待たなければならない部分は多いが、現在では少なくとも四世紀前半には、前方後円墳が西都原の地に誕生していることが明らかになった。そして、そのことは三世紀後半をも射程に入れて南九州における古墳の築造開始期を考える必要があることを意味している。

発掘調査された一〇〇号墳をはじめ、柄鏡形前方後円墳の墳形変化を把握するには、まだ資料がきわめて乏しいというほかない。さらに、初現とするなかには八一号墳のように弥生時代に起源をもつ墳丘墓の系譜を想定することなどが考えられるが、現時点ではまだ確証はないとしておくしかない。

一三号墳

一三号墳は、墳長八〇メートル、第一―A支群の最南端の一号墳（前方後円墳）のすぐ北に位置し、台地縁辺の樹木がなかった頃には台地下を見下ろすことができる位置にある。

大正時代に発掘調査された古墳のなかで、副葬品の様相からしてもっとも古い段階の位置づけが考えられた古墳である。しかし、当時の編年観から五世紀初頭をさかのぼらない年代観が与えられ、西都原古墳群のみならず南九州での古墳築造開始期について永い間影響を与えた。それはまた、「皇祖発祥の地」の実証への意欲を削ぐことにもなったのである。熱しやすく、そして冷める

埴輪	葺石	周溝	副葬品等	備考
無	無	有	(後円部)　須恵器・直刀・刀子・鉄鏃・勾玉・管玉・切子玉・小玉など玉類 (前方部)　須恵器・直刀・刀子・鉄鏃	提瓶Ⅲ期
〃	〃	無	直刀・鉄鏃多数	
〃	有	有	鉄剣・鏡(鏡式不明)・土師器 直刀 鉄剣・鉄鏃	方格規矩鏡？
〃	無	無	−	
〃	〃	〃	鉄鏃	
〃	〃	〃	−	
〃	〃	〃	鉄剣・矛・鉄鏃	
有	有	有	直刀・刀子・鉄鏃多数・銅釧・貝輪・鉄斧・櫛・鏡(小型珠文鏡)・玉虫の翅・【人骨片】 〈埴輪〉円筒・子持家形・眉庇付冑形	再発掘調査2000(平成12)年～2003(平成15)年
〃	無	〃	直刀・三角板革綴短甲・鉄鏃多数・鉄剣 〈埴輪〉家形・舟形"	再発掘調査2004(平成16)年～継続
〃	有	〃	〈埴輪〉家形・衝角付冑形	再発掘調査1998(平成10)年～2000(平成12)年
無	無	無	鉄剣、短甲、鉄鏃	横矧板・頸甲
〃	〃	〃	−	
〃	有	有	直刀・鉄剣・鉄鏃・矛・短甲・【人骨】	
〃	〃	無	直刀・鉄剣・勾玉・管玉・鏡(方格規矩鏡)・土師器(高坏)	経筒と銅銭(治平通宝)も出土
〃	無	〃	鉄剣・鉄鏃・須恵器(坏)・土師器(椀)	
〃	〃	〃	鉄斧・須恵器(坏)	
〃	〃	〃	刀子・鉄鏃多数・玉類・【歯】	
〃	〃	〃	直刀・鉄剣・鉄鏃多数・矛(二股)	
〃	〃	〃	鉄剣	
〃	有	〃	鉄剣・柄頭	小川が報告
〃	無	〃	土師器(甕・高坏)	
〃	有	〃	直刀・刀子・鉄鏃多数・勾玉・管玉・小玉	
〃	〃	〃	直刀・鉄剣・矛・鉄鏃多数・勾玉・管玉・丸玉・小玉・鏡(四獣鏡)	
〃	無	〃	鉄剣・鉄鏃	
〃	〃	〃	−	
〃	〃	〃	−	
〃	有	有	刀子・鉄剣・勾玉・管玉・小玉・鏡(三角縁神獣鏡)・木片 (墳頂部)土師器(底部穿孔壺)	再発掘調査1996(平成8)年～1997(平成9年)
〃	〃	無	直刀・刀子・矛・鉄鏃多数・管玉・鏡(十字文鏡)	
〃	無	〃	須恵器(甕・坏)	
〃	〃	〃	土師器(複合口縁壺・高坏)	
有	〃	？	直刀1・槍状利器2・鉄鏃22・鉄器片5 (墳丘中)土師器片・須恵器　〈埴輪〉円筒	西都市教育委員会調査
無	〃	有	馬具・棺釘・土師器・須恵器(坏)	開口石室の床面精査など
〃	有	〃	(墳頂部)土師器(高坏・底部穿孔壺)	
〃	〃	〃	(墳頂部)土師器(高坏・壺)	
〃	〃	〃	墳丘表土層から土師器	
〃	無	〃	墳丘表土層から土師器	宮崎大学調査。くびれ部2基木棺陪葬

表4　西都原古墳群発掘調査古墳一覧

古墳番号		墳形	規模(m)					埋葬施設
			墳長又は径	前方部		後円部		
旧番号	現番号			幅	高さ	径	高さ	
◎第一次調査　1912(大正元)年12月～1913(大正2)年1月								
姫塚　11	202	前方後円墳	52	30	5	28	6	－
17	51	円墳	12.6	－	－	－	1.8	－
一本松塚　21	72	前方後円墳	79	39	4.6	50	7.4	(後円部)粘土槨 (　〃　) 礫床(前方部)粘土槨
陪塚第1　25	70	円墳	12.6	－	－	－	1.9	礫床
陪塚第2　26	71	〃	18	－	－	－	2.9	粘土槨
陪塚第3　無	274	〃	12.6	－	－	－	3	－
陪塚第4　29	73	〃	14.4	－	－	－	3.6	－
飯盛塚　110	169	〃	50	－	－	－	7	木棺(?)
雑掌塚　111	170	〃	45	－	－	－	1.8	－
112	171	方墳	(一辺)25	－	－	－	4.5	－
200	207	円墳	16.5	－	－	－	2.3	木棺(?)
201	205	〃	15	－	－	－	3	－
◎第2次調査　1913(大正2)年4月								
1	115	円墳(方墳?)	?	－	－	－	－	－
3	35	前方後円墳	70	20	3.1	37	6.5	粘土槨
陪塚	22	円墳	?	－	－	－	?	－
〃	36	〃	?	－	－	－	?	－
〃	無号	〃	?	－	－	－	?	－
22	57	〃	7.2	－	－	－	2.4	－
23	56	前方後円墳	37	16	2.1	24	3	－
◎第3次調査　1914(大正3)年8月								
4	84	円墳	15.3	－	－	－	3	－
無号	27	〃	8.6	－	－	－	0.9	－
◎第4次調査　1915(大正4)年7月								
20	2	〃	21	－	－	－	3	－
60	156	〃	25.2	－	－	－	2.7	－
陪塚第1　55	160	〃	11.7	－	－	－	1.4	木棺(?)
陪塚第2	159	〃	7.2	－	－	－	0.9	－
66	152	〃	24.3	－	－	－	1.8	－
◎第5次調査　1916(大正5)年								
2	13	前方後円墳	80	30	5.7	44	6.4	粘土槨
◎第6次調査　1917(大正6)年								
船塚	265	〃	58	38	5.9	34	5.9	－
無号　A塚	80	円墳	18	－	－	－	3	－
〃　B塚	無号	〃	14.4	－	－	－	1.8	－
◎1985(昭和60)年								
－	寺原	円墳	17～21	－	－	－	2.4?	粘土床(長さ2・幅0.6)
◎1995(平成7)年～1997(平成9)年								
－	206(鬼の窟)	円墳						横穴式石室
◎1998(平成10)年～2000(平成12)年								
－	100	前方後円墳	57.4	17	2	32.6	3.4	(埋葬施設は未調査)
◎2001(平成13)年								
－	173	〃	39.8	11	－	22～23	－	(埋葬施設は未調査)
◎2002(平成14)年～継続								
－	46	〃	84	36	5	51	8.3	(埋葬施設は未調査)
◎2004(平成16)年～継続								
－	81	〃	53	18	1	32	3	(埋葬施設は未調査)

図11　13号墳埋葬主体部

図12　13号墳出土の三角縁神獣鏡

のも速い。その後には、「日向神話」の亡霊だけが残った。

埋葬主体部の発掘調査によって、「　製」三角縁神獣鏡・勾玉・管玉・小玉・刀子などが出土している。この三角縁神獣鏡は、田中琢によって「ひび割れた鋳型を再使用して鋳造された」と指摘されている鏡であり、同型鏡あるいは同笵鏡としては、推定沖ノ島一八号岩陰遺跡（福岡県宗像市）の出土鏡が従来から指摘されてきた。また、福永伸哉の指摘する「同笵関係でないにもかかわらず全体の乳配置がほとんど一致する」一貴山（いきさん）銚子塚（ちょうし）（福岡県糸島郡二丈町（にじょう））出土鏡との「同乳鏡」でもある。

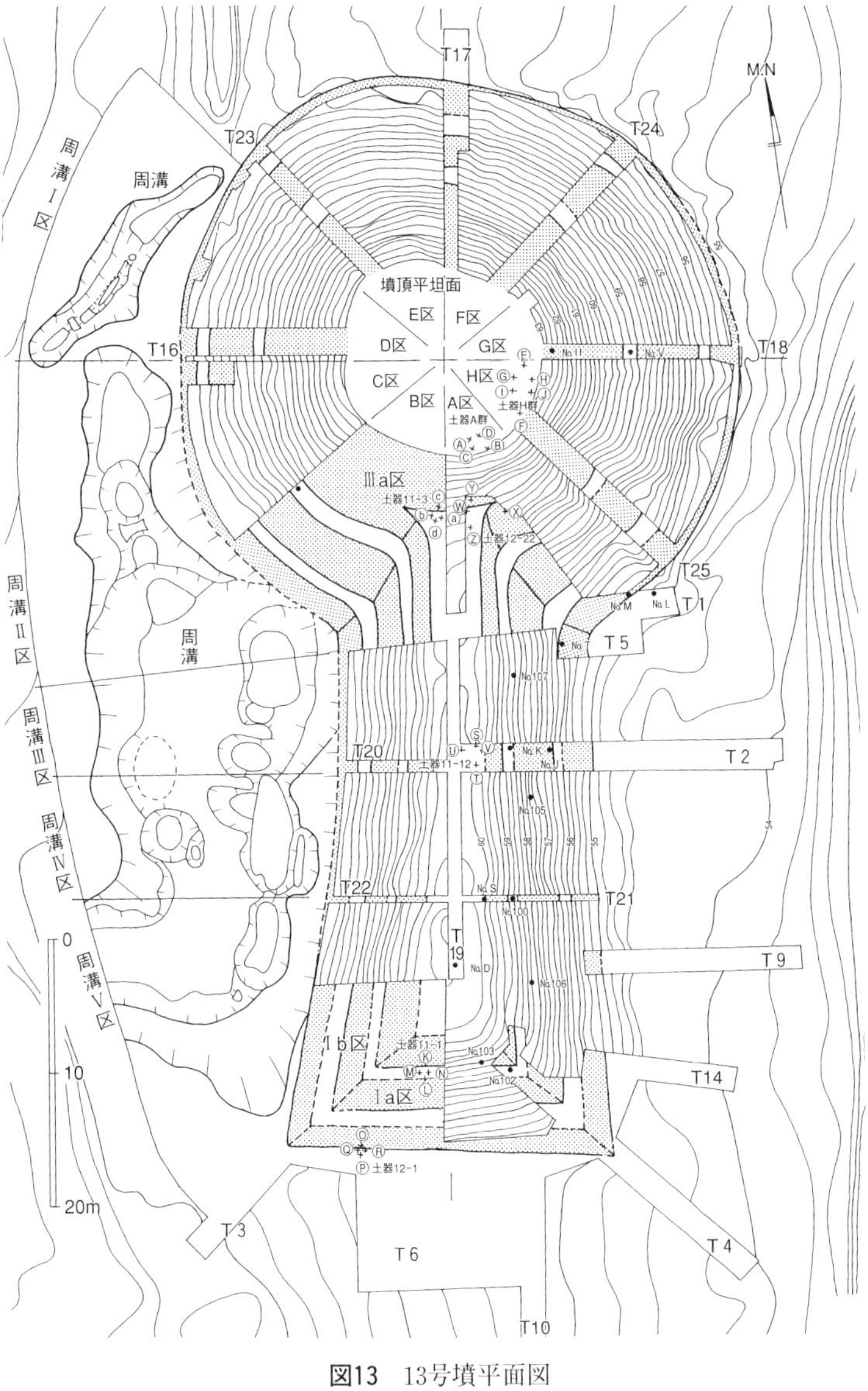

T17
M.N
T23
T24
周溝Ⅰ区
周溝
墳頂平坦面
E区
F区
D区
G区
C区
H区
B区
A区
T16
T18
土器A群
土器H群
Ⅲa区
土器11-3
土器12-22
T25
T1
T5
周溝Ⅱ区
周溝
周溝Ⅲ区
T20
土器11-12
T2
周溝Ⅳ区
T22
T21
T19
T9
周溝Ⅴ区
Ⅰb区
土器11-1
Ⅰa区
T14
土器12-1
20m
T3
T6
T4
T10

図13　13号墳平面図

埋葬主体部は、後円部墳頂から二メートルほど掘り下げたところで、長さ八・一メートルの礫に覆われた遺構が確認された。その内部は、長さ七・八メートル、幅二・一メートルの木棺を内蔵する粘土槨であり、北枕の原理が生きている。平たい棺底を残すことから見ると、いわゆる割竹形木棺ではなく、基本的な発想は傾斜した棺の設置なども含めて割竹形木棺をもととしながら、半裁した割竹を蓋状に用いた棺が想定される。

新たな発掘調査は、墳丘全体の葺石の状態や墳形の確認を目的として行った。前方部・後円部ともに三段に築成されている。ていねいな葺石が施され、段築の平坦面にも敷石が認められている。周囲にめぐる周溝（ないしは周堀・周壕）は明瞭ではなく、墳丘西側の前方部寄りがもっとも深く掘削されているが、明瞭な輪郭や深さを保つわけでもなく後円部を取り巻くこともない。また、東側は数メートルで急激な勾配をもつ台地の縁に位置することからか、わずかな窪みが残されているが明確な周溝は掘削されてはいない。

後円部墳頂部を中心に、底部穿孔の壺形土器や高坏が出土している。墳丘全体については断片的な調査に終わっているため全容は明らかではないが、墳長平坦面を縁取るように一定間隔で土器が配列してあったものと考えられる。

五六号墳

五六号墳（前方後円墳）は、墳長三七メートルを測る。古墳群のなかで最も小型の前方後円墳である。一三号墳の北側、四五号墳の東側に、一号墳とともに前方部を西に東西を主軸として築造されている。大正時代の発掘調査においては、鉄剣一振りのみが出土している。葺石、周溝ともにもたないとみなされているが、墳形や段築の在り方も含めて、詳細は不明である。

四六号墳

四六号墳（前方後円墳）は、一三号墳の北側、三五号墳・五六号墳の西側、台地の内側に位置している。第一－A支群のなかで最大規模、墳長八四メートルを測り、唯一前方部を東に東西を主軸として築造されている。

二〇〇三（平成十五）年から継続して、墳形の確認調査を実施している。前方部・後円部ともに三段築成で、いわゆる柄鏡形前方後円墳とするには前方部が高く充実し、すでに柄鏡形の範疇から脱した墳形をなし、女狭穂塚の前段階を示す墳形と見られるが、このことについては後に整理するとして、以下の論述はしばらくの間、女狭穂塚以前の墳形を一括して「柄鏡形」と呼称しておく。

後円部の北側の裾野と前方部の接続面から後円部の中心に向かって傾斜する坑が掘り込まれている。裾野の坑は、古く周辺に民家が存在した段階での「イモ坑」的なものと想像されるが、後円部の坑が盗掘坑であるか否かは不明である。

三五号墳

三五号墳（前方後円墳）は、墳長六七メートルを測る。多くの柄鏡形前方後円墳と同じく、前方部を南として、南北を主軸として築造されている。一三号墳のすぐ北側に位置し、同様に市街地を見下ろす場所に立地している。

大正時代の発掘調査では、後円部の墳頂から一メートル程の深さで土師器片が出土し、また平安時代末の須恵質の経筒が検出され、周辺から宋銭「治平通宝」も出土している。

埋葬主体部は、墳頂から一・八メートルで粘土槨が検出され、　製方格規矩鏡・直刀・短剣・勾玉・管玉が出土している。

七二号墳（一本松塚）

七二号墳（前方後円墳）は、一本松塚ともよばれ、墳長七九メートルを測る。三五号墳・五六号墳のさらに北側に位置する。周囲には、顕著な周溝が残され

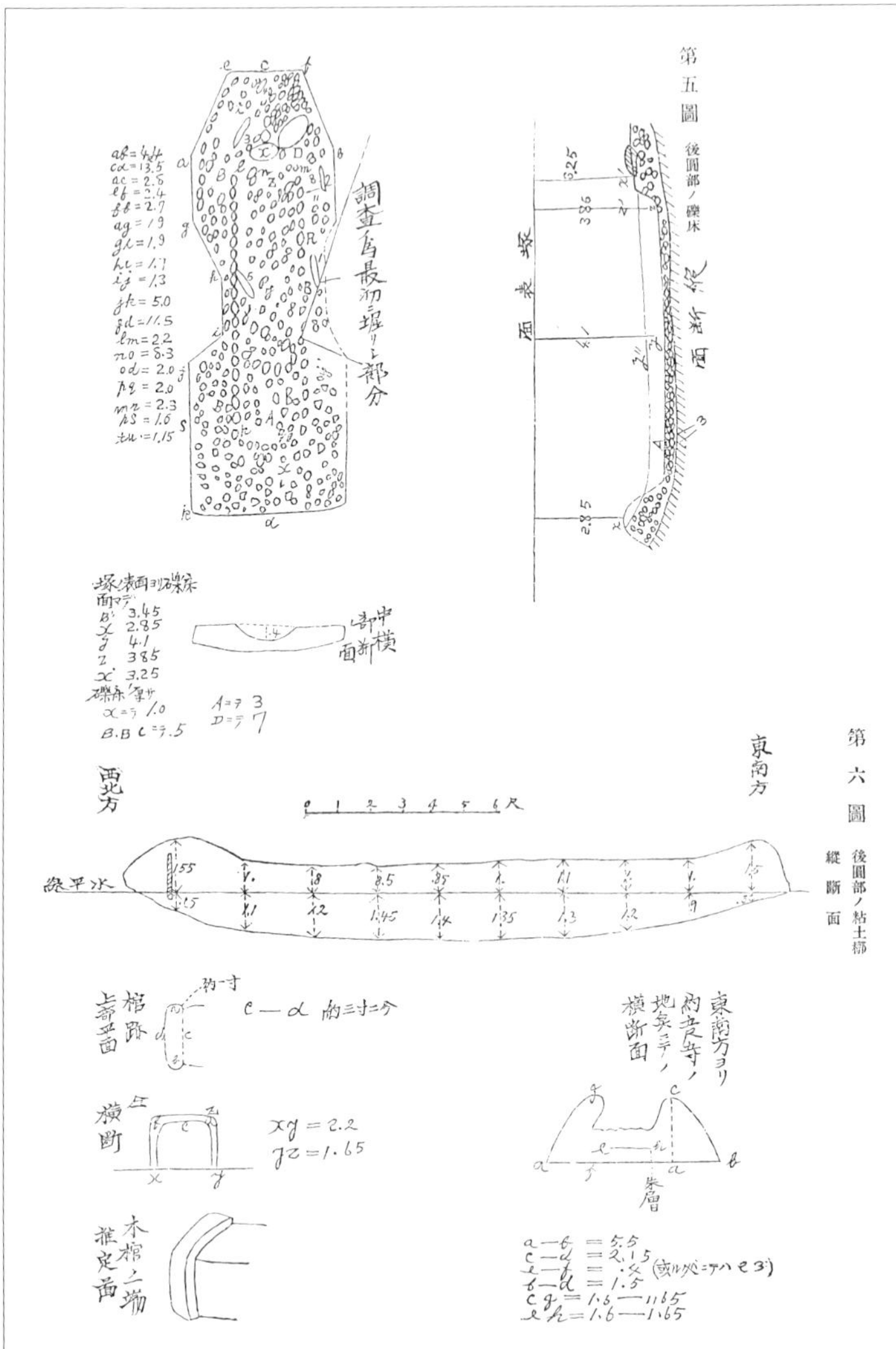

図14　大正時代の72号墳発掘調査の記録

ており、むしろ大きな窪みのなかに前方後円墳が築造されているとの印象がある。

日本考古学史において、粘土槨を確認した最初の例として記憶されている。後円部の墳長から一メートル程の地点で、長さ二・五メートル、幅〇・六メートルに礫が長方形状に敷き詰められ、主体部はさらにそこから一メートル程下で、長さ六・四メートル、幅一・六メートルの粘土槨が検出された。槨内は朱が認められ、　製方格規矩鏡のほか、鉄剣四が出土している。また、前方部においても礫床から短剣・鉄鏃が検出され、粘土槨も確認され直刀が出土している。

図15　72号墳出土の　製方格規矩鏡

八一号墳

八一号墳（前方後円墳）については、二〇〇四（平成十六）年から、墳形確認のため宮崎大学が中心となり発掘調査を実施している。第一－A支群とは大きな谷で区画され、その細長い舌状の南に延びる台地の縁辺、第二－A支群の南端に位置する。墳長五三メートル、南北に主軸をとる前方後円墳が前方部を南に向けているなかで、唯一前方部を北に向けて築造されている。

墳形や築造年代について、注目すべき成果が上がりつつある。葺石はみられず、段築の様相についてはまだ明らかでないが、後円部南東に突出部が見られ、くびれ部西側の周溝内からは、木棺墓ないしは土壙墓が複数基検出され、二基については陪葬とみられている。また、後円部の南に設定

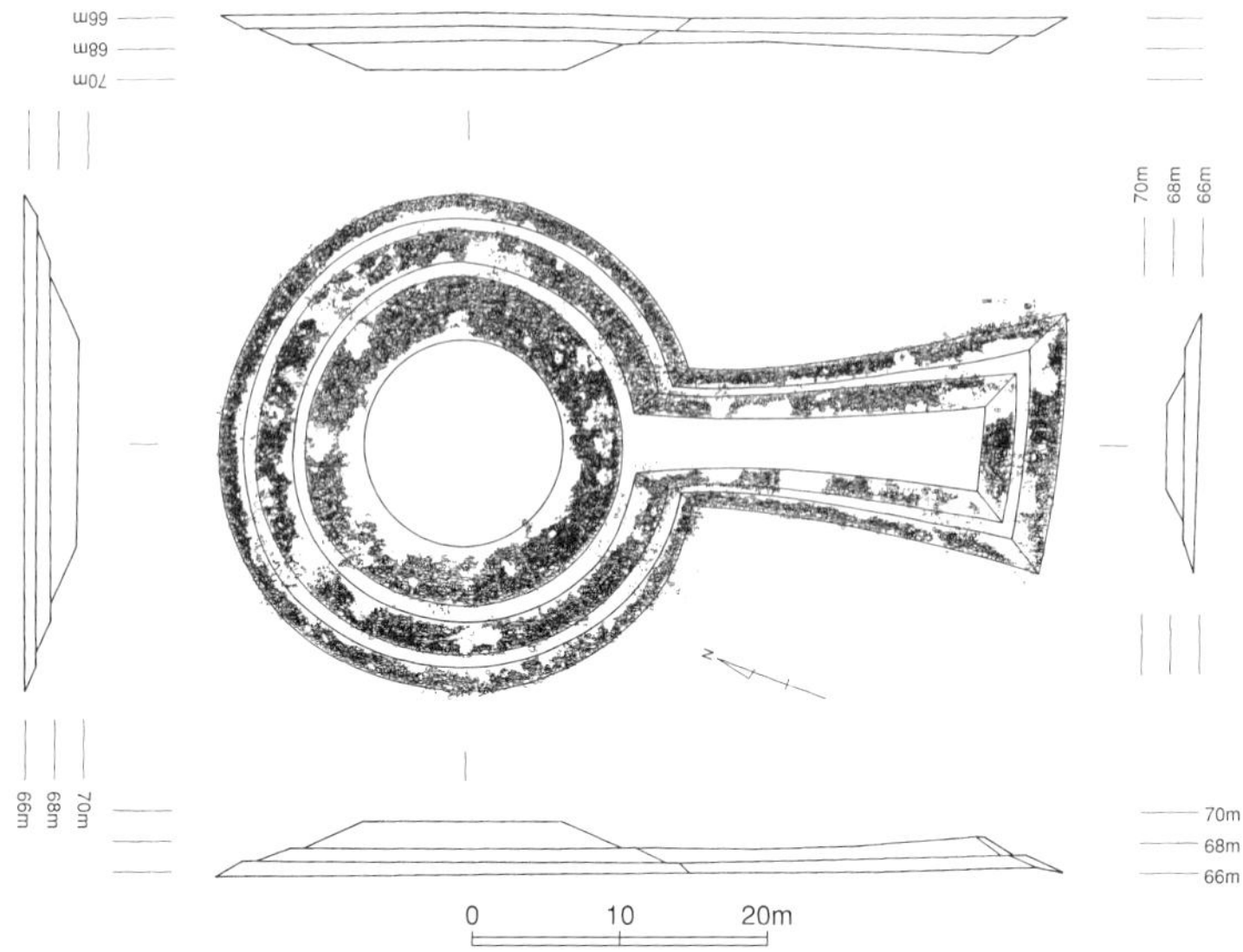

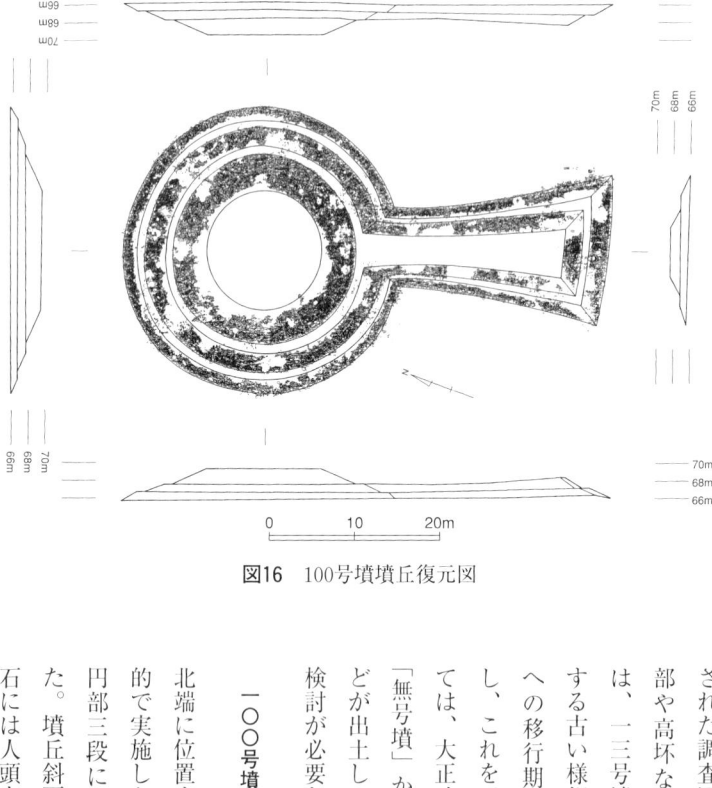

図16　100号墳墳丘復元図

された調査区から櫛描波状文をもつ壺の二重口縁部や高坏などが出土している。この一群の土器は、一三号墳や一〇〇号墳とは明らかに一線を画する古い様相を示す土器群で、庄内式から布留式への移行期に位置づけられるとみている。しかし、これを三世紀代までさかのぼらせるかについては、大正時代に発掘調査された第一－A支群の「無号墳」からも櫛描波状文をもつ二重口縁部などが出土しており、この再評価と比較など慎重な検討が必要となるであろう。

一〇〇号墳

一〇〇号墳（前方後円墳）は、墳長五七・四メートルを測り、第二－B支群の北端に位置する。前方後円墳出現期を解明する目的で実施した発掘調査の成果で、前方部二段・後円部三段に築成されていることが明らかになった。墳丘斜面部は、葺石で全面覆われている。根石には人頭大の石が用いられ、斜面部は二～三メートルおきに同じく人頭大の石を縦に並べ、区画している。葺石は、その間を充填するように葺かれている。その施工はていねいで、掌大の石を墳丘に突き刺すように積み重ねて葺いている。

未調査古墳ということで、発掘調査は外表施設等の確認と、後に触れる地中探査に留め、埋葬主体部については行っていないが、後円部中心で直径約一一メートルの墓壙の存在を確認している。さらに、墳頂平坦面である墓壙上部から底部穿孔の壺と高坏（八個体以上）が出土しているほか、周辺からも散漫であるが土器片が出土している。

一七三号墳

一七三号墳（前方後円墳）は、墳長三九・八メートルを測り、高取山から派生する標高八〇メートル台の高台に位置する。寺原第一支群に属し、一七四号墳（前方後円墳）とともに、最も高位に築造された前方後円墳である。

整備のための部分的な確認調査が行われ、一〇〇号墳と同様、前方部二段・後円部三段の築成が確認されている。

（二）五世紀代

男狭穂塚・女狭穂塚の両巨大古墳の誕生と、一転して前方後円墳の不在と在地墓制の地下式横穴墓の登場が五世紀代である。

男狭穂塚・女狭穂塚に近接して築造された三基の古墳は、大型古墳に陪従して築造されたいわゆる「陪冢」または「陪塚」として位置づけられるものである。二基はともに円墳であるが、一六九号墳の高い墳丘に対して、一七〇号墳の極端に低平な墳丘、そして一七一号墳は唯一の方墳であるなど、外見上それぞれ際立った特徴が見られる。これら三基は、大正時代に発掘調査され、豊富な器財埴輪の出土で知られる。しかし、残された報告書や写真原版などの資料を確認するとき、

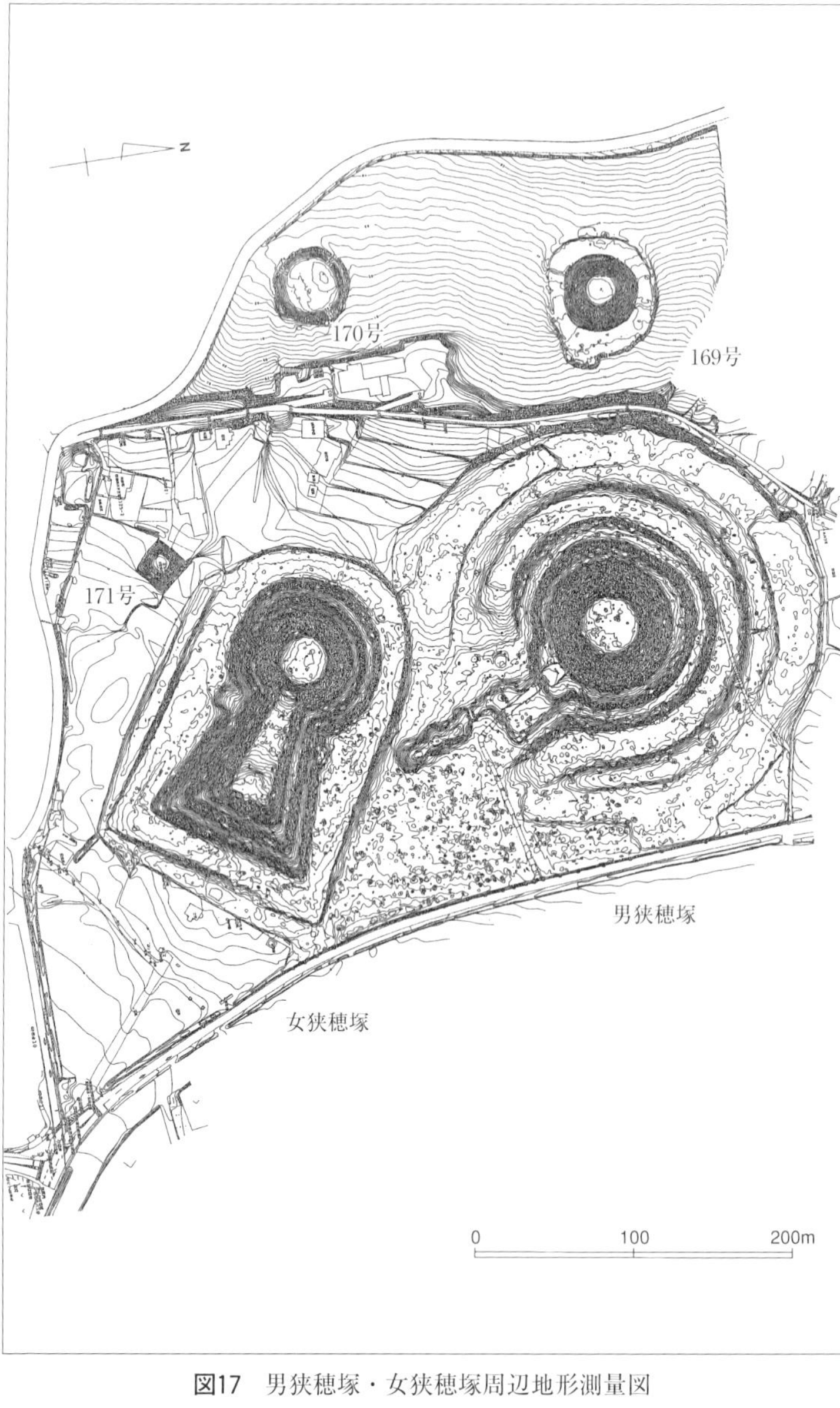

図17　男狭穂塚・女狭穂塚周辺地形測量図

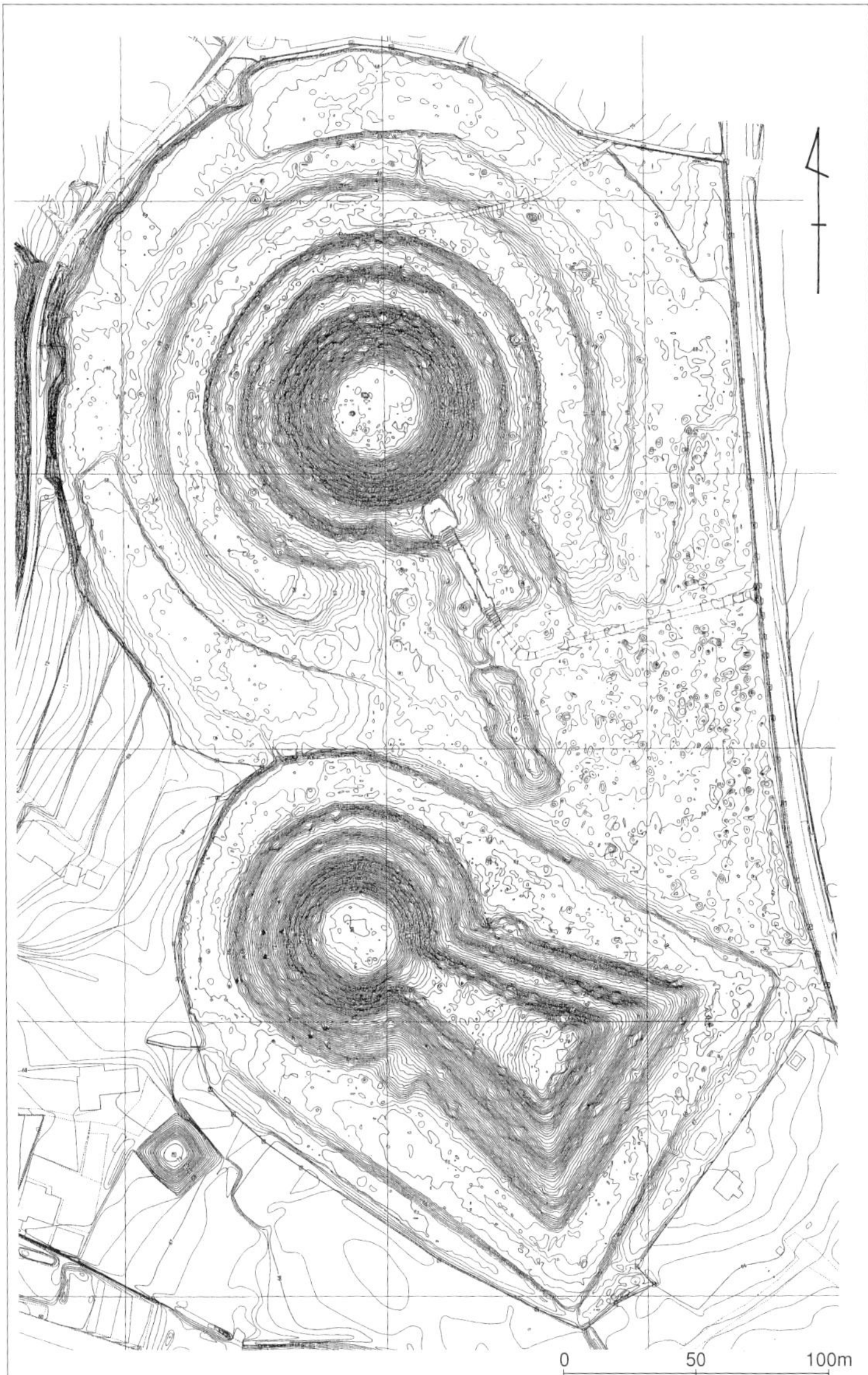

図18　男狭穂塚・女狭穂塚測量図

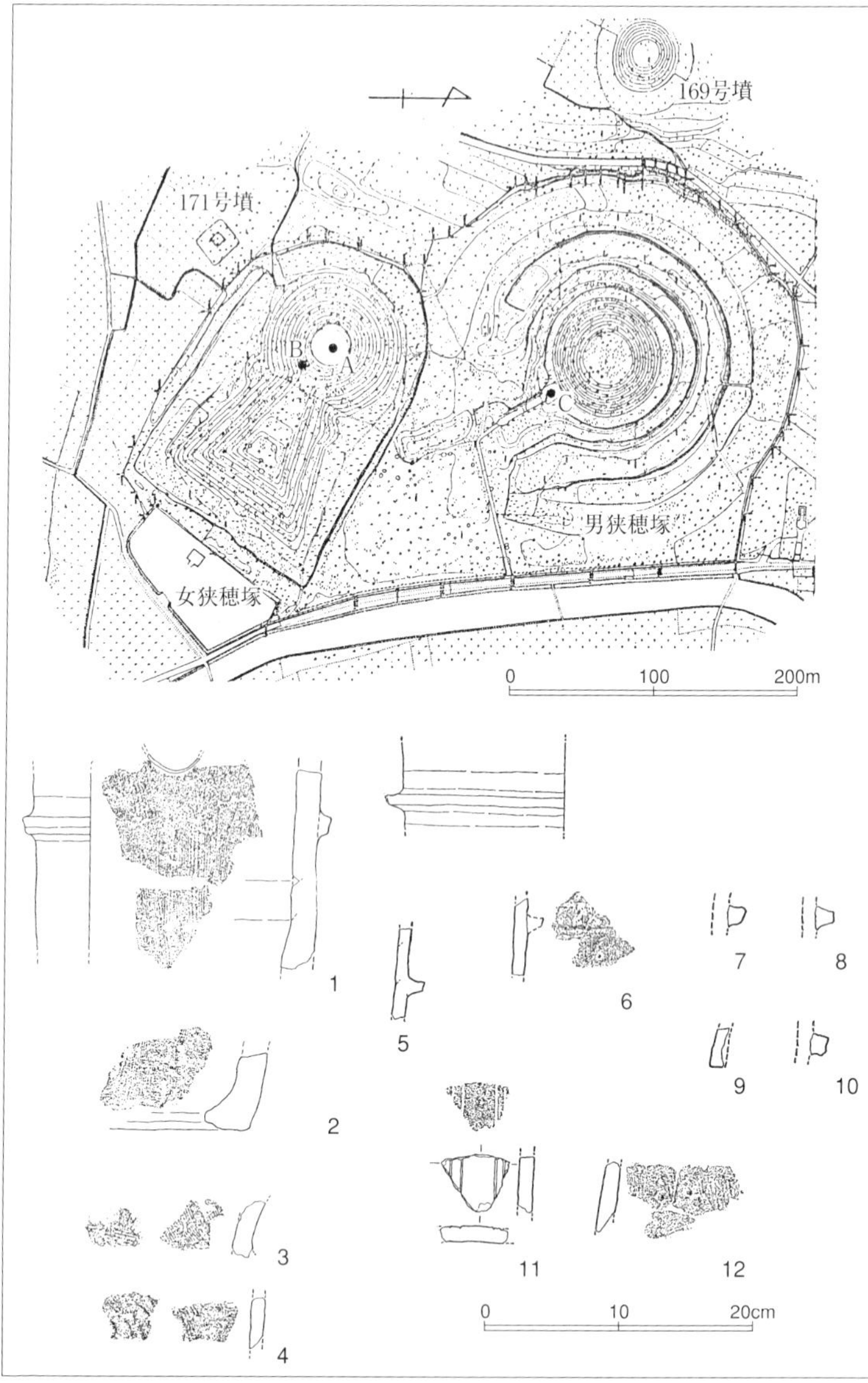

図19 男狭穂塚・女狭穂塚埴輪出土地点と男狭穂塚出土円筒埴輪実測図
（11のみ形象埴輪）

記述や資料の間に若干の齟齬がみられる点が気がかりであった。こうして点を含めて、これらの古墳について、現在、犬木努（大谷女子大学）と共同で発掘調査を行っているが、いくつかの新たな知見を得ることができている。

また、この丸山群の埴輪は、土器等の焼かれたものを観察するときの視点となる、色調・焼成・胎土（粘土と混和材）を観察するかぎり、共通する要素が多く、また編年観からも五世紀第2四半期のなかで、大きな年代差を考え得る資料ではないが、この点については後に詳細に検討したい。

なお、西都原古墳群での埴輪の出土は、男狭穂塚・女狭穂塚など丸山群の五基以外では、一〇一号墳（円墳）、寺原古墳（円墳）、二一二号墳（前方後円墳）の三基で確認されているが、きわめて限られた存在である。

男狭穂塚

男狭穂塚・女狭穂塚については、一九九七（平成九）年に行った測量調査によって、その詳細な形状を明らかにすることができた。

男狭穂塚は、円丘部を三段築成とし、方壇部は円丘部の二段目と同一面の方壇部が三分の一程に短く削られ段が生じ、後円部一段目と同一面を数えると一見三段をなすが、基本的には二段築成であったとみられる。内壕、周庭帯、外壕をもつ。墳長約一七六（現況・一五四・六）メートル、円丘部径一三二メートル、高さ一九・一メートル、くびれ部幅四五・五メートル、方壇（造り出し）部幅四〇・七メートル、高さ四・五メートル、内壕幅一五～一八メートル、周庭帯幅一七～二三メートル、外壕幅二〇～二五メートルを測る。

また、男狭穂塚・女狭穂塚出土の埴輪については、福尾正彦（宮内庁書陵部陵墓課）が『書陵部紀要』第三六号（一九八四）などに発表し、基礎資料が把握できるようになった。男狭穂塚からは、円筒埴輪と朝顔形埴輪の破片、詳細は不明であるが形象埴輪片も確認されている。

女狭穂塚

女狭穂塚は、前方部・後円部ともに三段築成をなし、造出部を左右に設ける。墳長は一七六・三メートル、後円部径九六・一メートル、高さ一四・六メートル、くびれ部幅七一・一メートル、前方部幅一〇九・五メートル、高さ一二・八メートルを測る。幅一四〜一八メートルの楯形の内壕を巡らせ、幅一五〜一八メートルの周庭帯が築かれ、さらに幅九メートルほどの外壕が一七一号墳（方墳）に接する形で巡らされている。この外壕が全周するか否かは不明である。

女狭穂塚で確認された埴輪は、円筒埴輪・朝顔形埴輪の他、形象埴輪として家・楯・冑・短甲・草摺を模したものが見られ、中には「にわとり」形埴輪も最近では指摘されている。円筒埴輪には、ほぼ完全な形に復元できた資料がある。口径三三センチ、底径二九・五センチ、高さ六一・二センチを測る。突帯は高く、台形状を呈し、四段巡らされている。透孔は円形で、一対穿たれている。また、工人等の印と思われる「↑」状の線刻が最上部に見られる。基底部の調整は縦刷毛により仕上げられているが、その上部は基本的に横刷毛による調整で仕上げられている。また、淡い赤褐色の色調のなかに大きな黒斑を認めることができる。

一六九号墳（飯盛塚）

一名、飯盛塚とよばれている男狭穂塚の西に位置する径五〇メートル、高さ七メートルを測る古墳群内最大の三段築成の円墳である。大正時代の発掘調査は墳頂部を中心に行われたが、表土層を取り除いた時点で円筒埴輪列が確認され、中心部分を掘り下げた結果は、埋葬主体部を検出するにいたらなかった。調査時においては木棺の直葬が想定されている。副葬品として、仿製小型珠文鏡・直刀・刀子・鉄

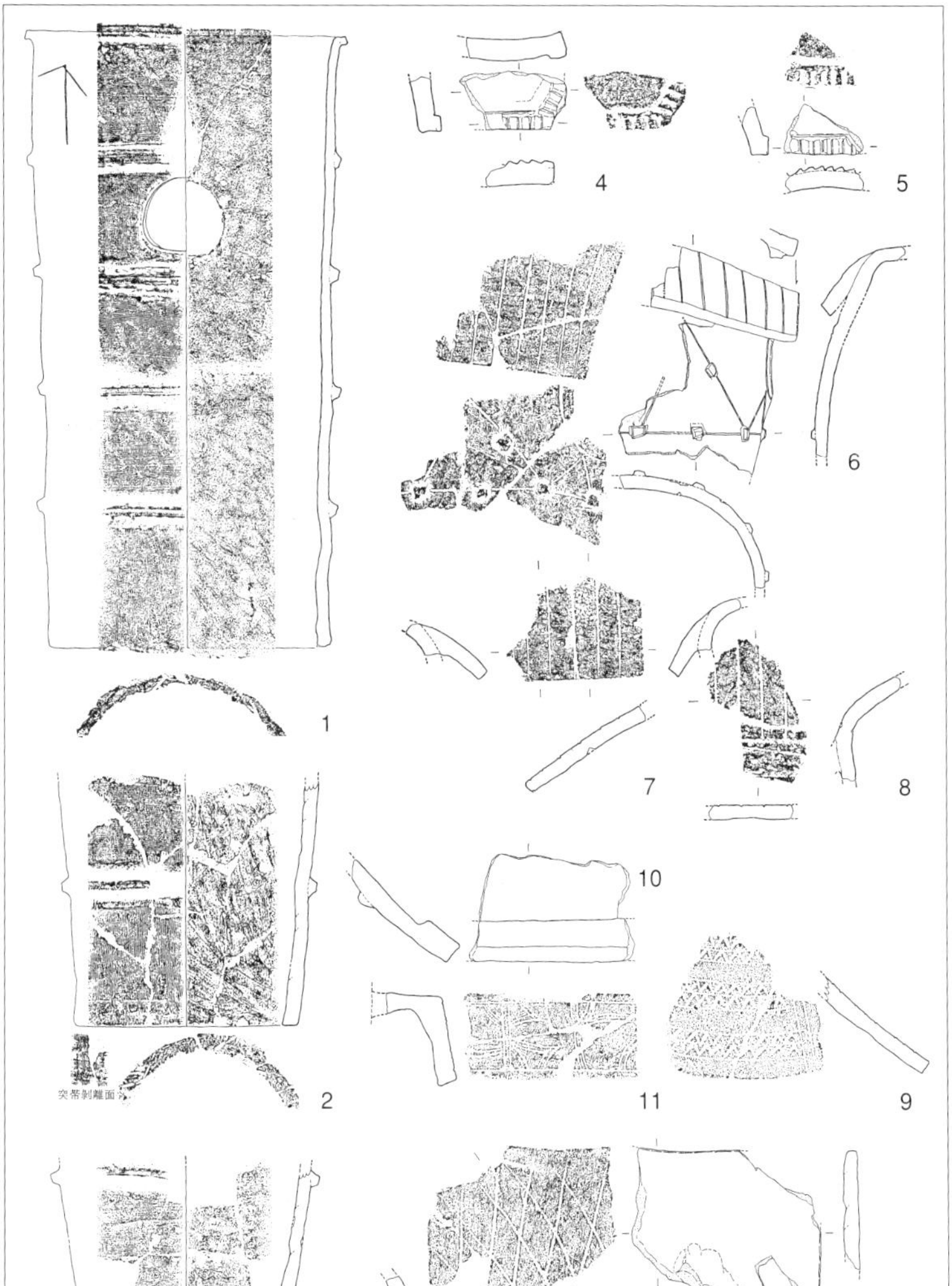

図20　女狭穂塚出土埴輪実測図
1～3：円筒埴輪　4,5：冑形埴輪　6～8：短甲形埴輪
9：草摺形埴輪　10,11：家形埴輪　12：楯形埴輪

図21　169号墳（飯盛塚）出土の仿製小型珠文鏡

図22　169号墳（飯盛塚）出土の銅釧

斧・銅釧・竹製櫛・鉄鏃、それに貝輪が出土している。また、鏡面を上にした珠文鏡の上には玉虫の翅が置かれていたとされる。

墳頂部からは円筒埴輪の他、形象埴輪が出土しているが、衝角付冑形埴輪・眉庇付冑形埴輪と現在国の重要文化財に指定されている子持家形埴輪、そして同じく重要文化財の舟形埴輪が出土したとされていた。そのなかで子持家形埴輪と舟形埴輪は、ともに一六九号墳出土と記述されてきたが、舟形埴輪について押しつぶされた出土状況を記録した写真を見るかぎり、他の一六九号墳の遺物出土状況の写真と整合性のとれない「違和感」が感じられた。

一九九九（平成十一）年に始まる整備にともなう発掘調査の一つの目的として、二～三割程度の破片しかない子持家形埴輪の残り七～八割とも見積もられる埴輪片の確認、それぞれの器財埴輪の出土位置・状態の復元的確認があった。しかし、本命の一六九号墳からは、子持家形埴輪の残りの破片は出土しなかった。また、舟形埴輪につながる手掛かりとなる埴輪片も出土しなかった。子持家形埴輪は、まだ謎のままであるが、舟形埴輪の出土については、次に述べるように一六九号墳ではなく一七〇

図23　170号墳（雑掌塚）の副葬品出土状態

号墳出土であることが明らかになった。なお、一七一号墳とともに壺形埴輪の出土は注目される。

また、遺構の面では、幅八メートルを測る周溝確認にともない、南東部に幅約九メートル、長さ約三メートルの造り出しが確認されている。

一七〇号墳（雑掌塚）

一七〇号墳は、雑掌塚とよばれる、女狭穂塚の西に位置する、一六九号墳の三段目を取り去ったかのような、径四五メートル、高さ一・八メートルの極端に低平な円墳である。葺石はみられない。

二〇〇四（平成十六）年の発掘調査において、舟形埴輪の舷側板を貫く丸太状横木の舷側板外側へ突出した部位を表現したと見られる破片が発見された。伝えられた記録とは別に、残された写真で見ると、一七〇号墳の調査写真のなかに短甲、頸甲や直刀のすぐ隣接した場所に、細長く葉巻形に押しつぶされた状態の埴輪が写っており、石川

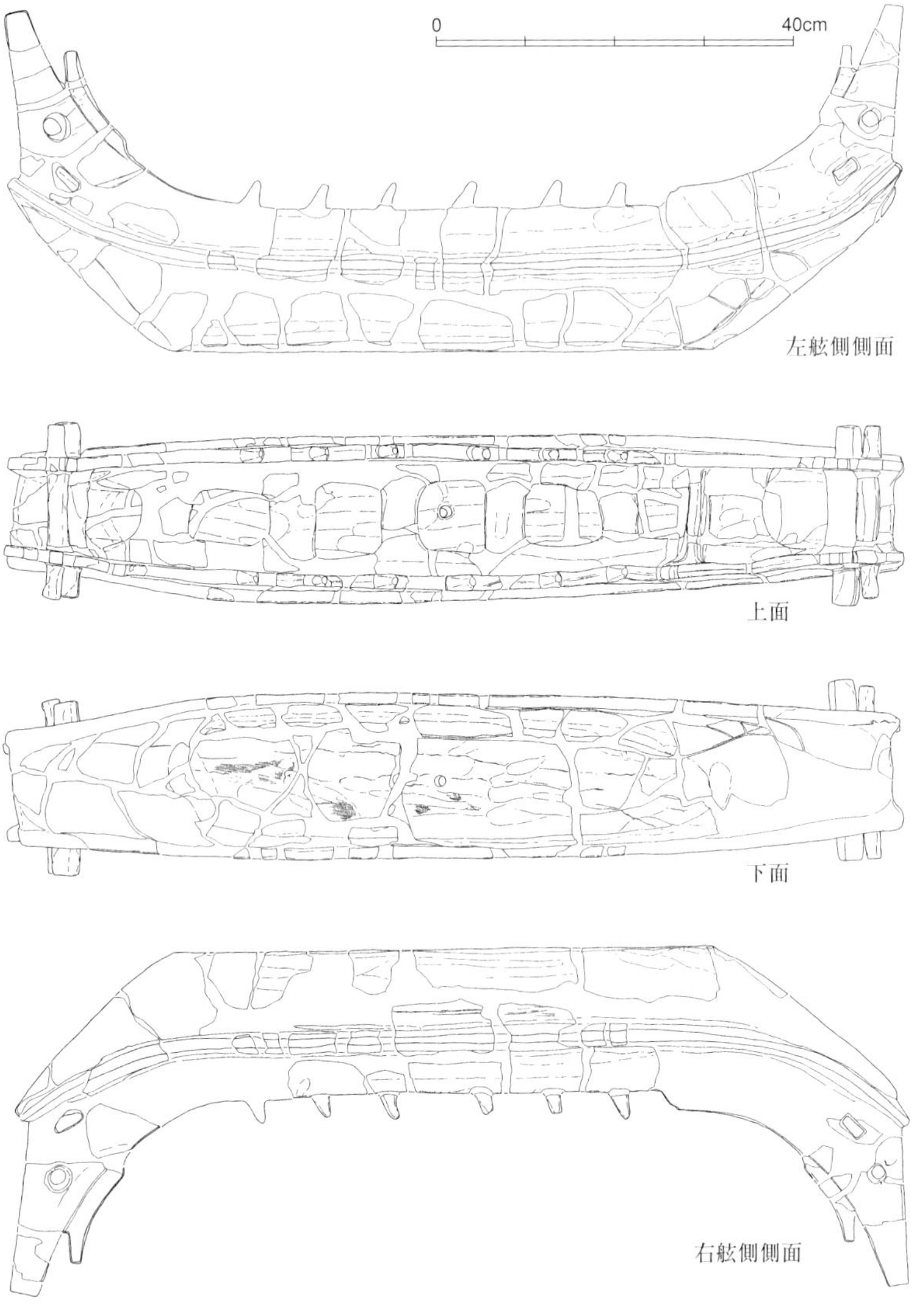

図24　舟形埴輪実測図

悦雄は、一六九号墳と一七〇号墳の出土遺物の分別が明瞭でない点を上げて、この押しつぶされた埴輪が舟形埴輪である可能性に触れたが、最新の調査で、舟形埴輪は一六九号墳ではなく一七〇号墳出土であることが確認されることになった。

一七一号墳

古墳群のうち唯一の方墳である。一辺二五メートル、高さ四・五メートルを測り、二段築成され、幅四メートルの周溝が掘られている。一七一号墳は、女狭穂塚の二重目の周壕に接する形で築造されており、積極的には女狭穂塚の一部として理解してもよい古墳であろう。古墳群唯一の方墳の謎はここにあると思われる。大正時代に発掘調査された古墳には、調査成果・調査年月日・調査者などを掘り込んだ石碑が埋納されている。

大正時代に発掘調査され、京都大学に所蔵されている一七一号墳出土の埴輪については、高橋克壽（京都大学）が詳述している。加えて、整備にともなってほとんど全面的な再調査を実施した結果、明瞭な壺形埴輪の検出は新たな知見を付け加えるものであったが、その他は現在伝えられる器財埴輪の種類以外特段に従来の位置づけの変更を迫る遺物の出土は見られなかった。

壺形埴輪は、九州内では出土例がなく、野中宮山古墳（大阪府藤井寺市）や乙女山古墳（奈良県河合町）など畿内の古墳出土が知られる。ここに、乙女山古墳が登場することは記憶に留めておきたい。

重要文化財子持家形埴輪の修復

重要文化財に指定されている子持家形埴輪と舟形埴輪については、古い時期に復元された石膏が劣化し、移動等に際して崩壊する危険性も高い状態であったため、永い間、移動禁止品の一つとして東京国立博物館から貸出が行われてこなかった。しかし、東博での「平成館」建設にともなう移動の必要性も

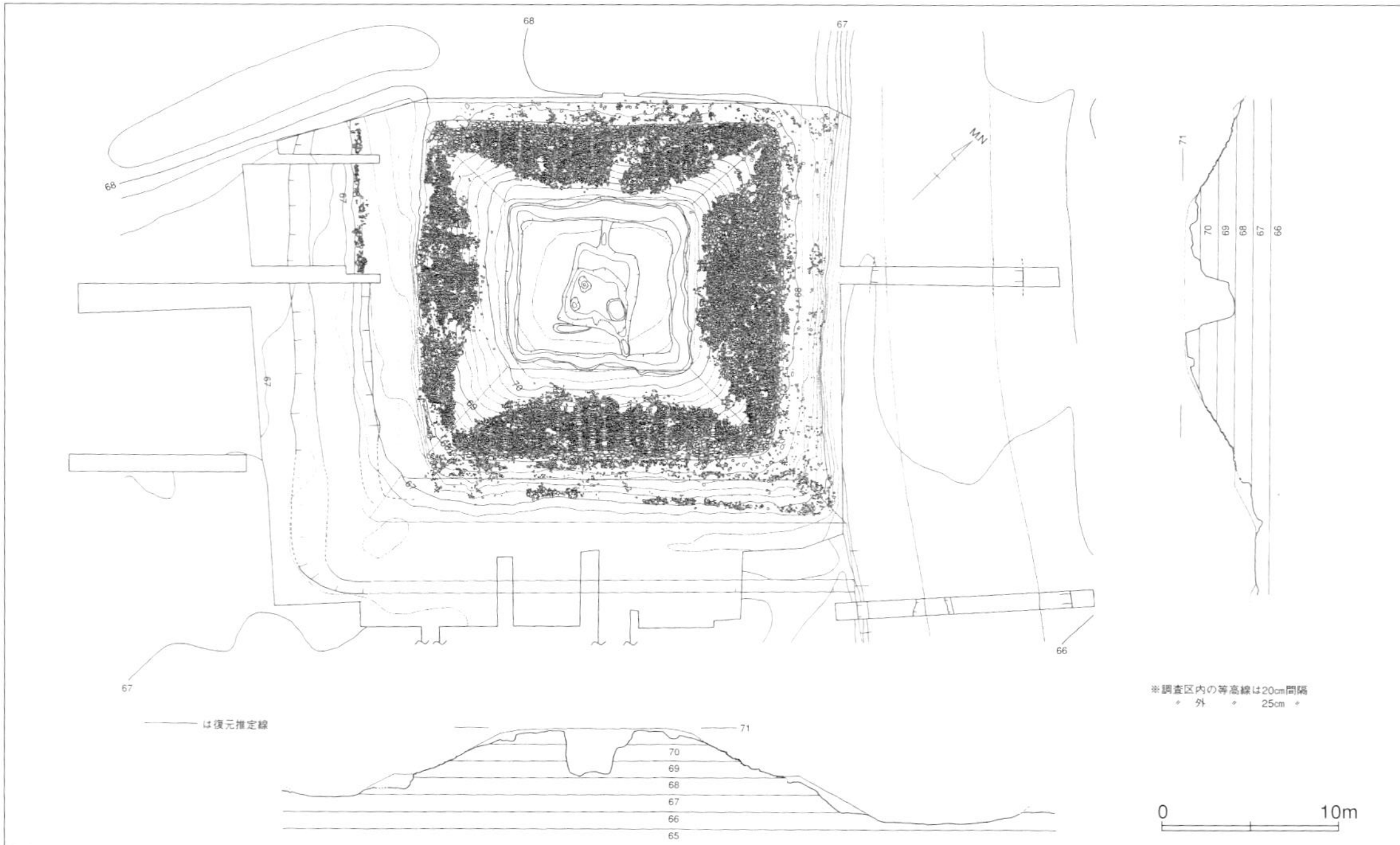

図25　171号墳墳丘測量図

図26 171号墳の大正時代調査の記念石碑

あり、いくつかの収蔵品の修理・修復が行われることになり、その一つとして両埴輪の修理が行われることになった。

舟形埴輪については、全体の八割程度が遺存し、復元がなされていることが明らかであったが、子持家形埴輪については全体の三割程度しか破片がなく、かなり「大胆な」復元であることが知られており、場合によっては「子持」としての復元が揺らぐ可能性も考えられた。

修理・修復は、全面解体を行い、破片間を充填していた石膏を取り外し、接合剤として使用してあったニカワやウルシを破片面から除去した上で、過去の復元の妥当性も検討しながら、再度の始めから復元し直す方針がとられた。

解体修理の工程は、表裏面を詳細に観察するには、旧状の崩壊の危険性をもった状態のままでは石膏の劣化により安易に動かすことができないた

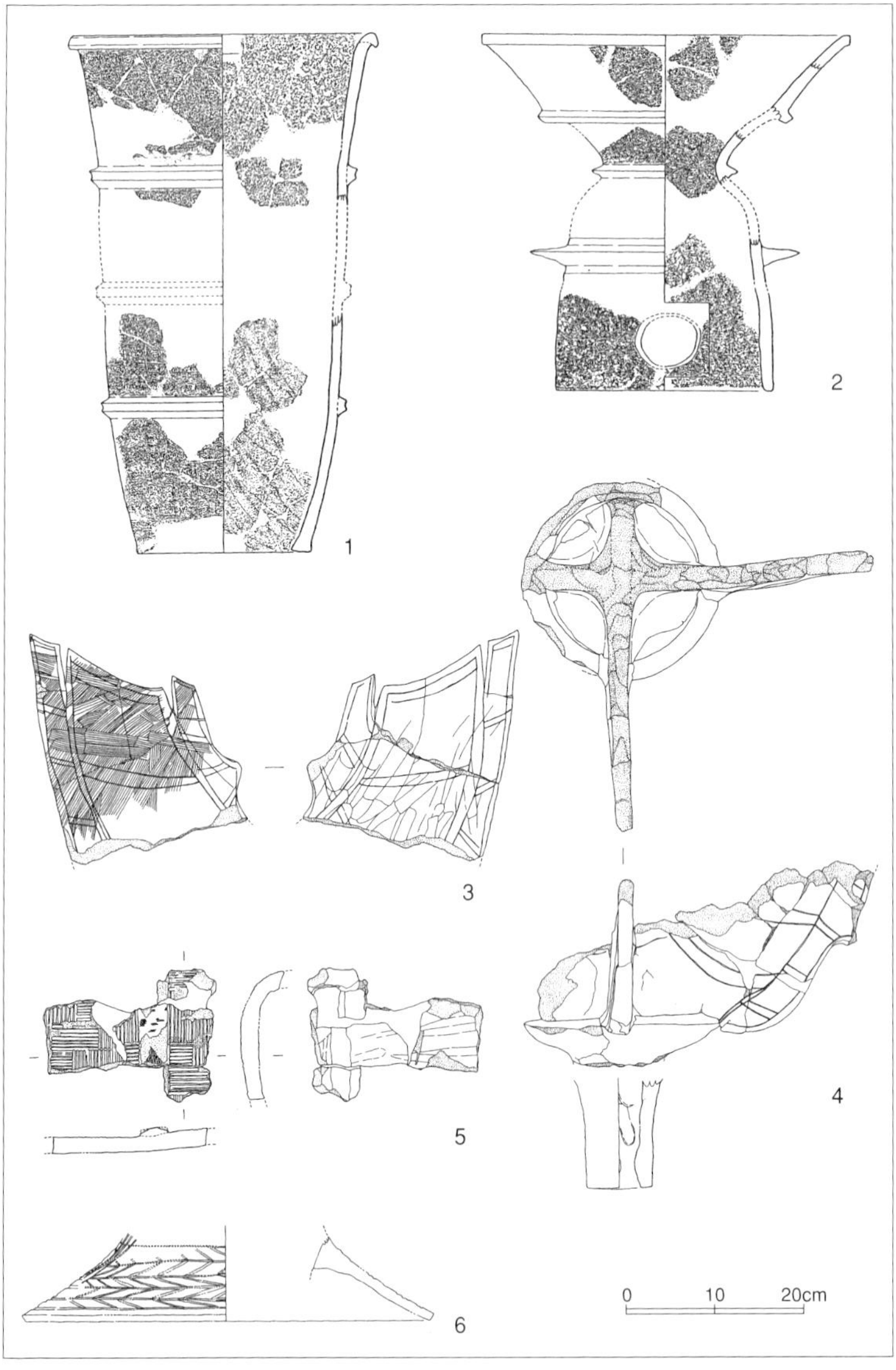

図27　171号墳出土埴輪実測図
1：円筒埴輪　2：壺形埴輪　3,4：蓋形埴輪　5：家形埴輪　6：草摺形埴輪

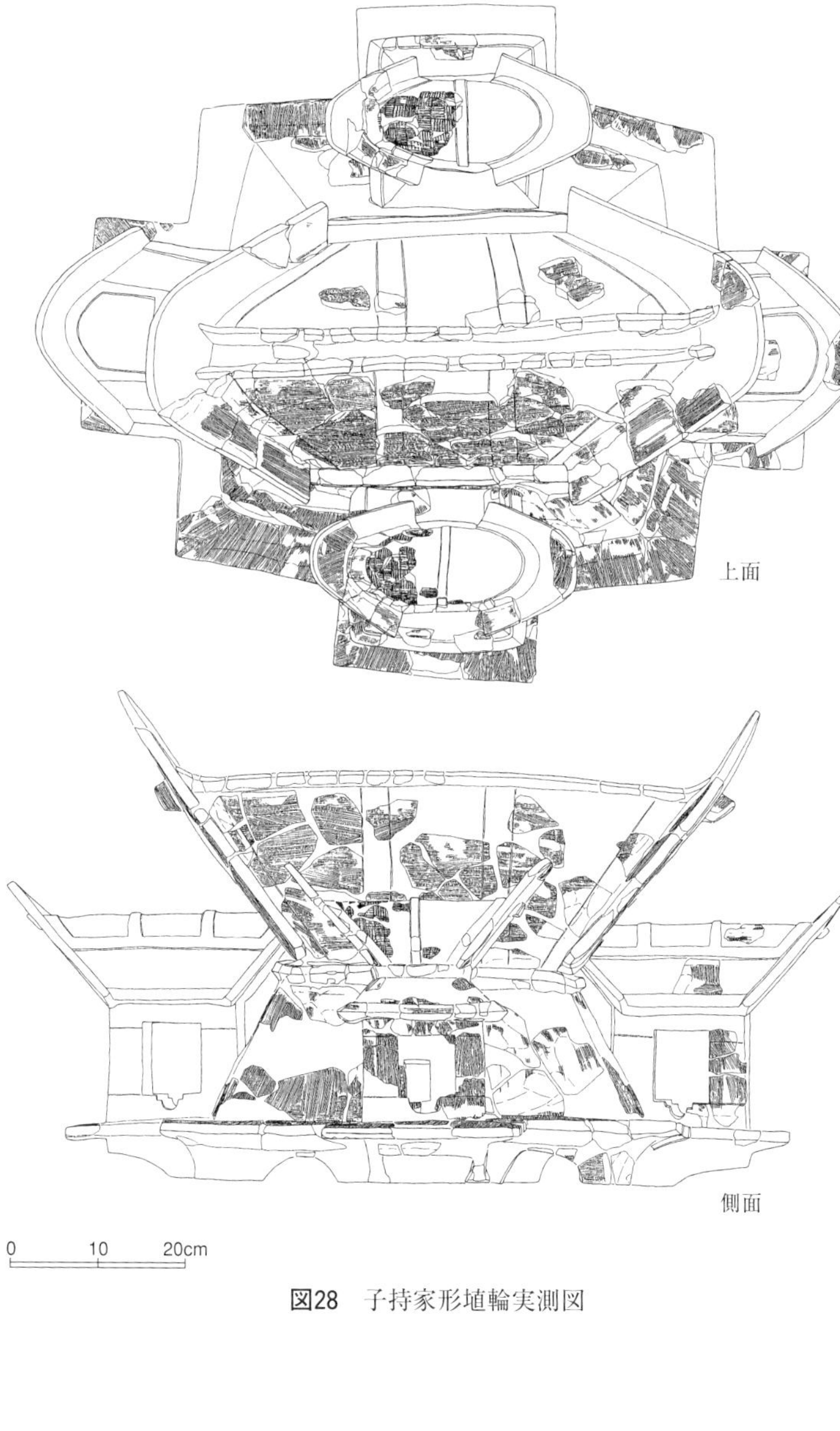

図28　子持家形埴輪実測図

め、破片と破片の接合状態や石膏による充填箇所の確認などが、まずX線撮影によって行われた。

また、解体前、解体中に実測調査が行われ、詳細な記録がとられた。解体は、破片の接合関係と石膏による充填箇所の確認を行いながら、破片ごとに分離し、クリーニングが行われた。復元は、数片が新たに正しい接合部が確認されたため、旧復元から場所を移動することになったが、その他は旧状に復元することを妥当と判断したのである。

「子持家」としての復元の妥当性については、破片に戻した状態で、それぞれの破片の位置関係を再検証した結果、残存度の少ない破片点数でありながら、主屋の四方向に附属屋が取り付く構造を想定させる張り出しをもつ台部の破片が、部分的に間違いなく存在しており、焼成の状態から同一個体であることを否定する積極的な破片の存在も認められないことなど、竪穴住居を示す地面にまで葺き下ろされた大屋根と地面（台）へと成形された破片、前後左右、少なくとも異なる二棟の屋根を表現した破片など、「子持家」としての復元の妥当性があらためて確認された。

接合剤に用いられたニカワなどの「厚み」による接合の歪みなども修正された結果、主屋の屋根部の全長が七〇・四センチから七二・四センチ、壁部平側長が五一・二センチから四九・二センチ、左妻部の破風幅が三二・四センチから三二・八センチなどと変化している。また、修理前と修理後では、屋根部大棟が旧復元では直線的であったものが、新しい復元ではわずかに湾曲した形状となっている。

四号地下式横穴墓

一九五六（昭和三十一）年のことであった。第三－A支群の一角で荷車を引いていた馬が、突然姿を消した。慌てた馬主が、その消えた地点を覗き込む

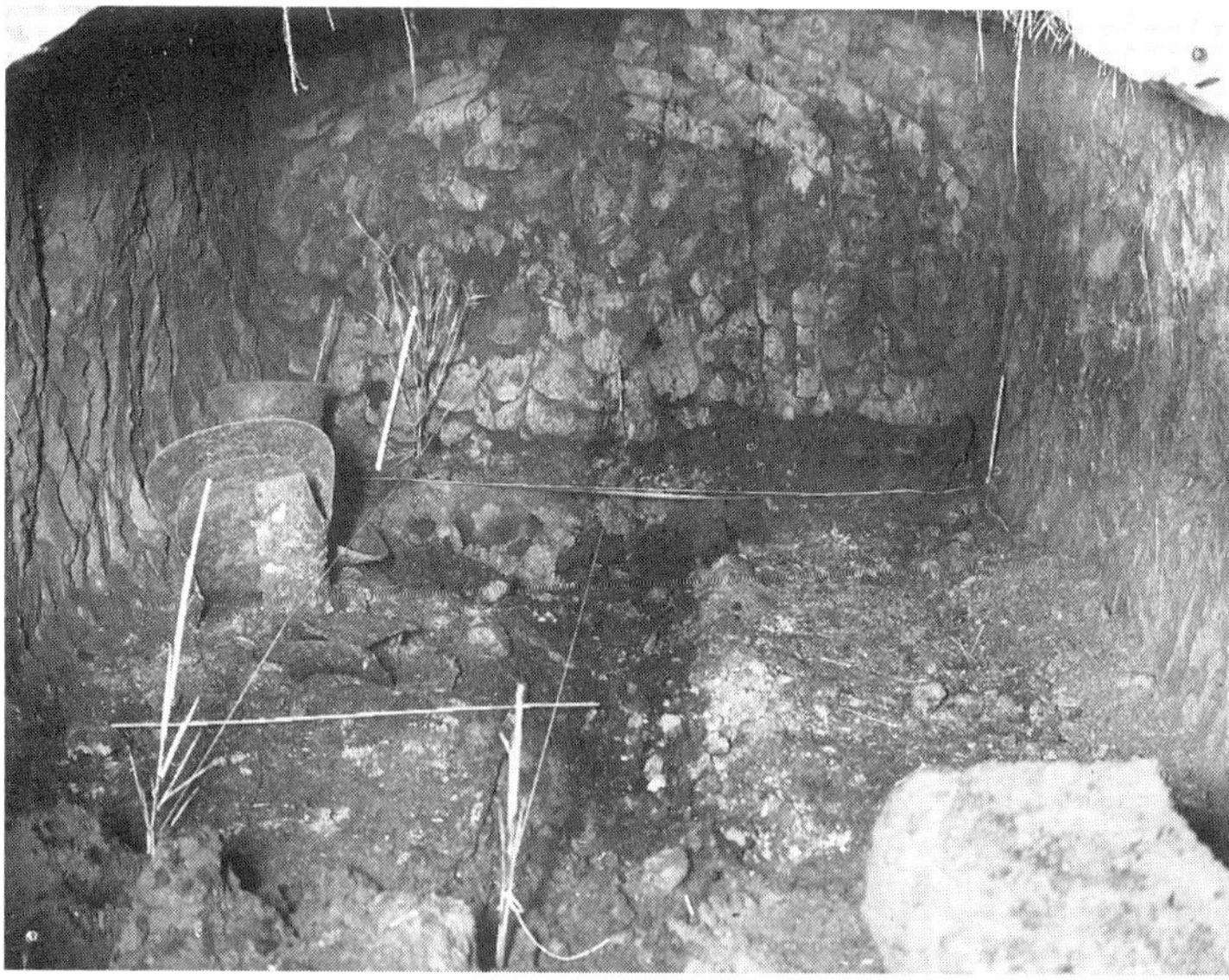

図29　４号地下式横穴墓の発見時状態

と、ぽっかりと空いた地下の空洞に馬が落ち込んでいた。馬が一回転できる程であったと、目撃者の証言がある。しかし、現実的には、そうした大きさがあるとは認定できず、大きな空洞が生じたことの「神話的」要素が強い証言である。連絡を受けた日高正晴が駆けつけた。奥行五メートルもの巨大な空洞、まず目に飛び込んできた三領の短甲、それだけでも従来の地下式横穴墓観を覆すものであった。これが、地下式横穴墓の位置づけなどについて再考を促す端緒となった、四号地下式横穴墓の発見の顛末である。

整備にともなう再発掘調査では、副葬品についての新たな資料は得られなかったが、遺構の面についていくつかの重要な所見が得られた。一つ目は、屍床の在り方について、二つ目は、玄室構造について、三つ目は、墳丘および周溝との関係についてである。

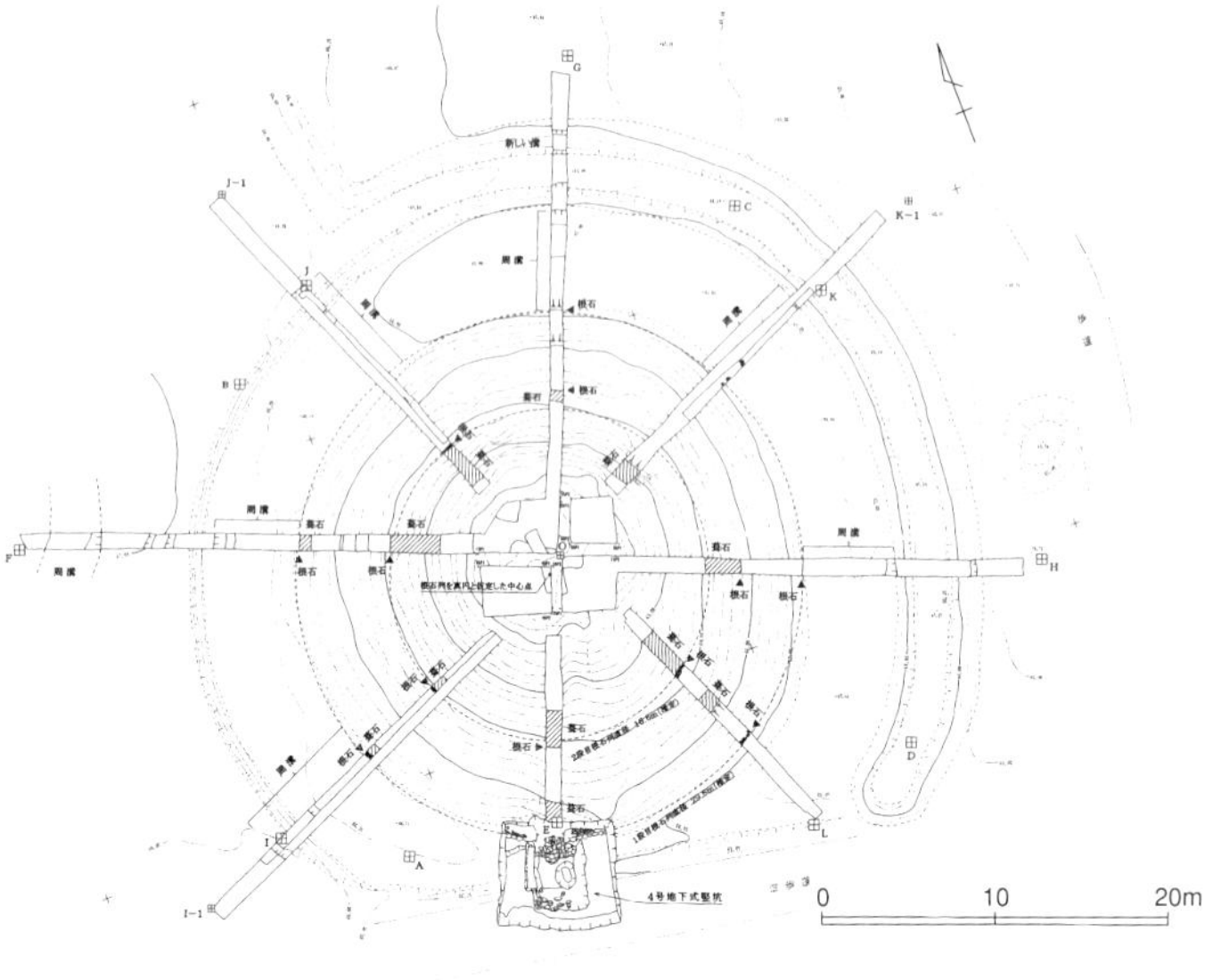

図30　111号墳と４号地下式横穴墓

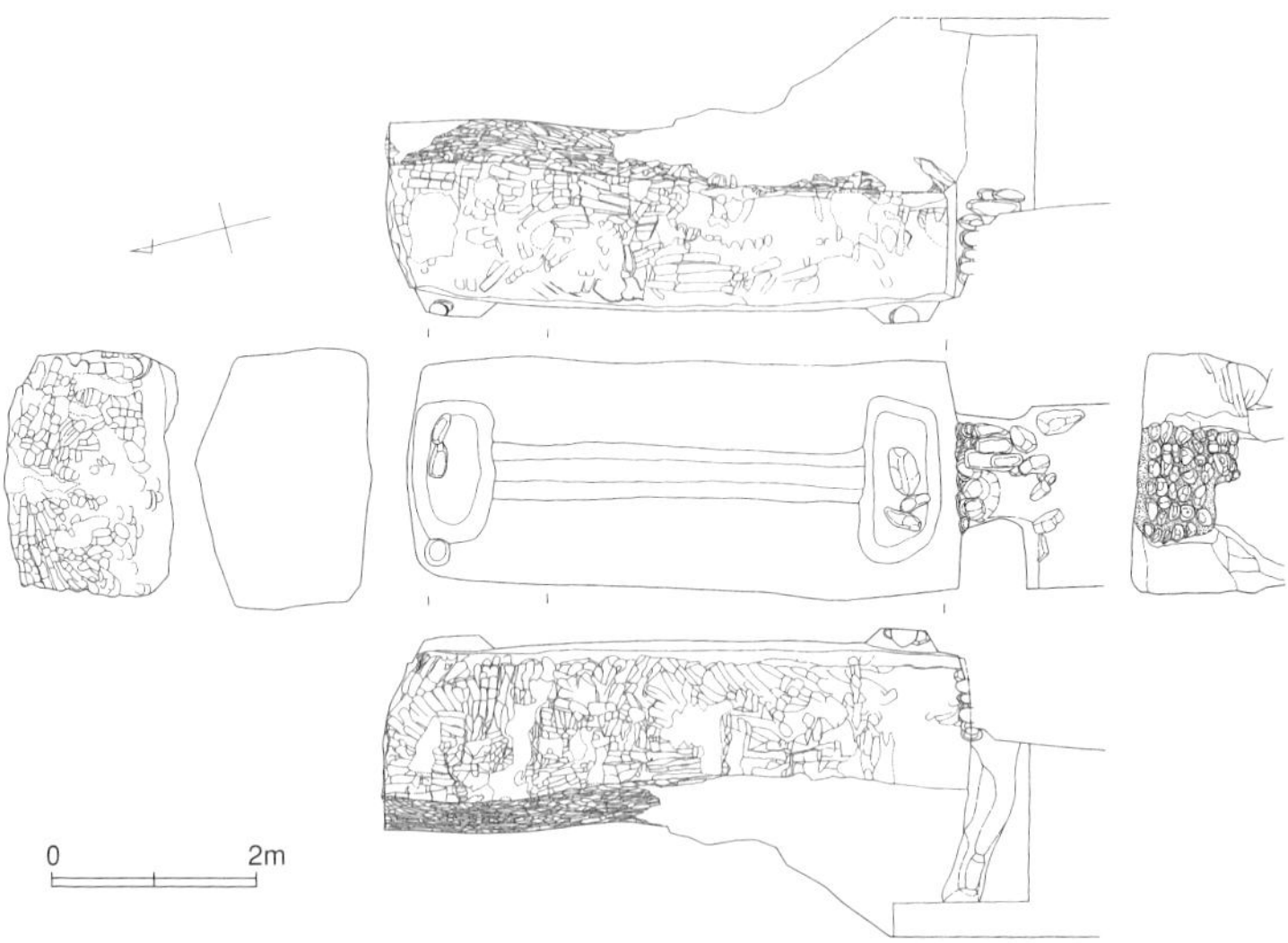

図31　４号地下式横穴墓実測図

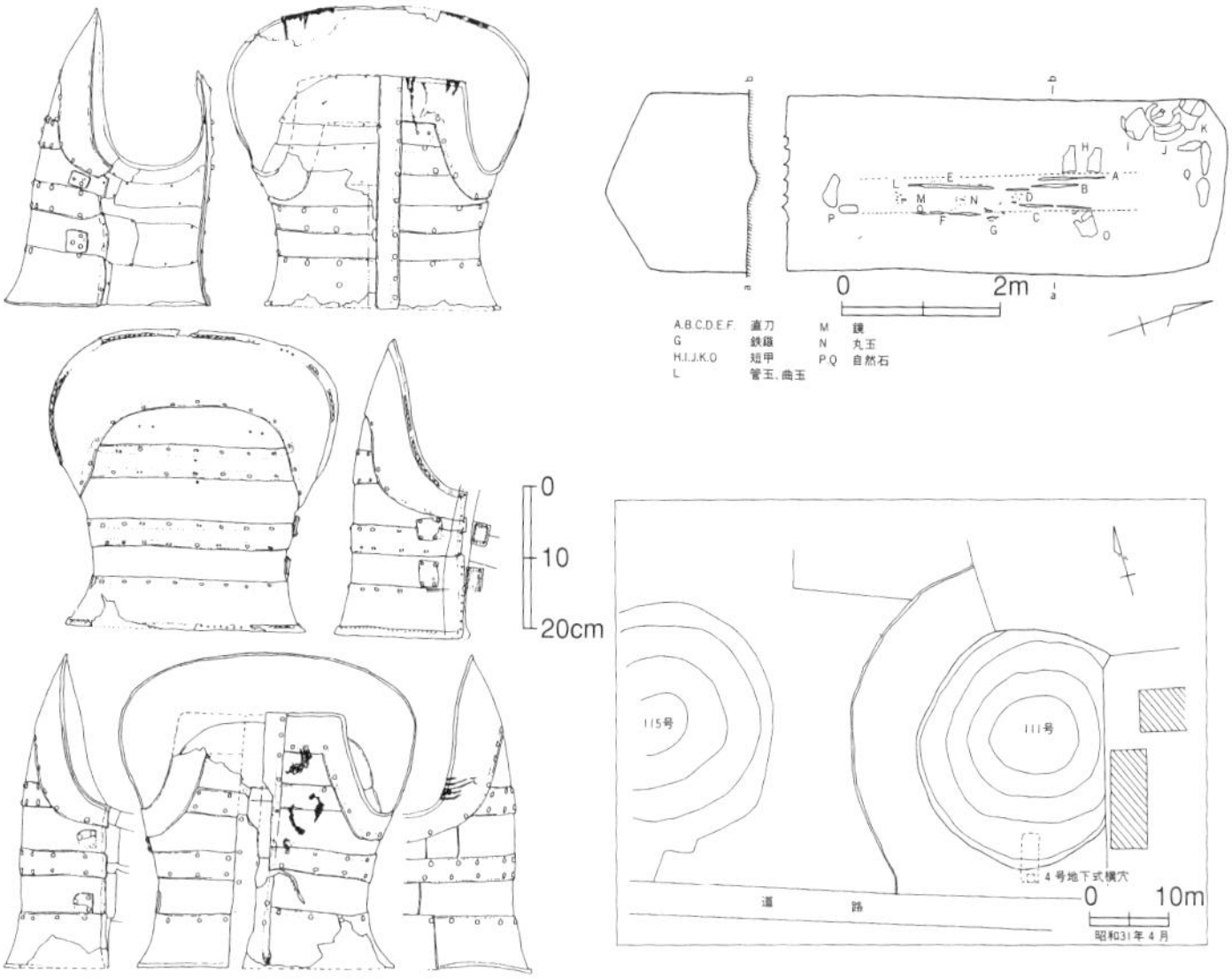

図32 4号地下式横穴墓の副葬品出土状態と短甲実測図

屍床の構造について、玄室中央部に断面「U」字形に掘り窪められた屍床を設けることは、発見時から確認されていたが、屍床の両端、つまり小口の部分にさらに掘り窪みが設けられ、「I」字形に成形されていたことが明らかになった。そして、その掘り窪みには人頭大の石を配置し、埋葬時にはすでに掘り上げた土で意図的にふたたび埋められていたとみられる。発見当時この存在に気づかなかったのは、時間をおかず埋め戻され、ほとんど床面としている土と埋め土とが区別つかなかったためである。ただ、発見時には、両小口周辺には、人頭大以上の大きさの石が据え置かれていた状況が記されている。屍床を形成するために、あるいは被葬者を葬るために、この両端の掘り窪みと人頭大の石が、物理的な役割をもったとは認定しがたいが、調査者によれば屍床から木片が確認されていることから、玄室内において組み

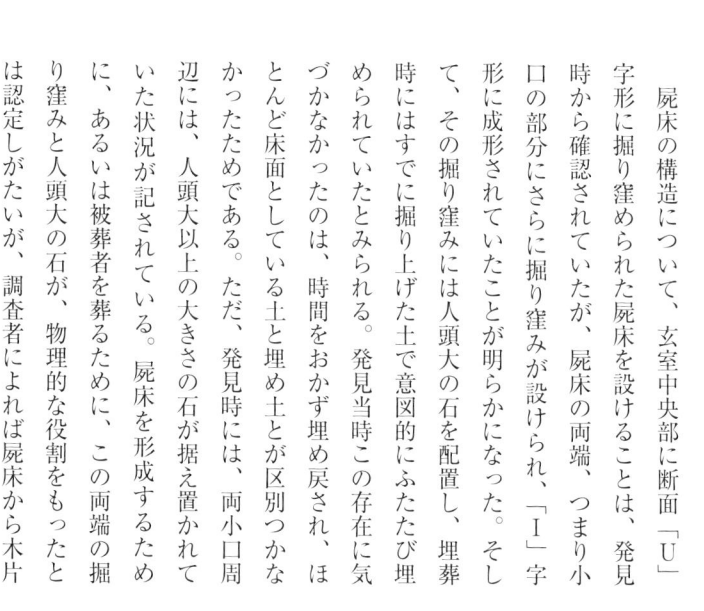

図33　4号地下式横穴墓出土の珠文鏡

立てるような木棺に収められていた可能性もあり、棺台のような役割があったのかもしれない。ただし、この場合、屍床面より棺底が浮き上がることになる。

玄室構造については、典型的な切妻の家形と認識されていたが、奥壁は直立する壁から妻部へと切妻を呈するが、羨門部上部はよく観察すると、壁面に対して妻部が内傾しており、その境には陵線も認められることから、寄棟状の屋根部を呈している。

墳丘と周溝との関係について、表面観察においても四号地下式横穴墓上の径二四メートル、高さ五メートルを測る墳丘一一一号墳には、葺石が存在することは把握できた。四号地下式横穴墓の竪坑がまだ完全には未掘であり、周溝との関係を解明するため、発見以来取り付けられていたコンクリートの入口を取り除き、竪坑の完掘と葺石の状態を確認した。その結果、深さ〇・六〜一メートル、幅五〜七メートルの明瞭な周溝が巡ることが確認され、その周溝の縁にあたる葺石根石から深さ一・八メートルの竪坑が掘り込まれていた。埋め土の状態の観察からは、ほとんど時間をおかずに竪坑が掘削されていること、葺石の根石部分が、竪坑の上縁部に欠損することなく配置されていることなどが観察された。

出土遺物については、直刀、鉄鏃（てつぞく）、勾玉、管玉などの玉類、珠文鏡、それに歩揺（ほよう）のついた金銅片が出土している。この歩揺つきの金銅片が本来何であったのかの認定はむずかしい。こうした歩揺が取りつく製品として考えられるのは、冠、沓、装身具などが考えられるが、再調査の結果も現在確認されている以上の破片を得ることはなかったので、冠や沓とするには破片点数が少ない。また、県内では、唯一の金製耳飾りが、下北方五号地下式横穴墓（宮崎市）から出土しているが、同様の金銅製品と見ることには無理がある。歩揺のつく湾曲のある薄い金銅板からは、破片のなかでも最大のものでも二〜三センチ大で、つなぎ合わせたとしても一〇センチメートル未満の大きさの製品で、大きなものは考えられない。兵庫鎖につながれた空玉も出土しているが、こうした垂飾の取りつく金銅板といった用途不明の「装飾具」とするほかないようである。ただし、製品の部品ないし一部分がもち込まれていた可能性もある。

甲冑類については、吉村和昭（奈良県立橿原考古学研究所）が精力的に検証を行っているが、出土した横矧板革綴短甲・横矧板鋲留短甲二領から時期的には五世紀第4四半期を与えている。そのほか短甲は、四号地下式横穴墓（一一一号墳）の西隣の一一五号墳（円墳）からも出土しているが、これは墳丘中から出土している。一一五号墳は、大正時代の発掘調査では方墳との見方も示されていたが、一一一号墳より低い墳丘で、墳丘中に埋葬施設を構築していたとみられる。他に、鬼の窟古墳の北方に一基だけ離れて築造されている二〇七号墳（円墳）からも短甲が出土している。

（三） 六世紀代

六世紀前半に属すると見られる前方後円墳は存在しない。代わって五世紀後半から引きつづき地

図34　202号墳（姫塚）出土の副葬品の状態

下式横穴墓がおもに営まれていたと考えられる。多くの円墳はこの時期、地下式横穴墓を埋葬主体部として形成されたと見てよい。

しかし、現在のところ当該期に属すると見られる明確な地下式横穴墓はなく、先の四号地下式横穴墓を除けば、六世紀後半が中心である。

二〇二号墳（姫塚）

二〇二号墳は、姫塚とよばれ、第一－A支群の西に開析した谷を隔て、一線を画して立地している墳長五一メートルを測る前方後円墳である。盾形の周溝を有し、前方部前面での周溝幅は一〇メートルである。大正時代の発掘調査によって、埋葬主体部は明瞭に確認されていない。後円部墳頂部と前方部から遺物が出土している。後円部からは、直刀・刀子・鉄鏃・水晶製切子玉などの玉類に提瓶、坏、前方部からも直刀・刀子・鉄鏃に坏蓋が出土している。なかでもこの須恵器の出土は、年代を考える上で有効な資料を提供している。

二六五号墳（船塚）

二六五号墳は、船塚ともよばれ、第三－B支群とした一群の縁辺部に立地している墳長五九・二メートルを測る群中唯一の前方後円墳である。後円部墳頂下一メートル程で直刀、その周辺で他に例のない十字形文鏡、管

図35　265号墳（船塚）出土の直刀
図36　265号墳（船塚）出土の十字形文鏡

玉、直刀、刀子、鉾、鉄鏃が検出されている。

姫塚、船塚ともに埋葬主体部が明確に検出されていない点については、後円部中からまとまって「副葬品」が検出されていることから、木棺直葬の痕跡を検出しきれなかったためとも考えられるが、時期的には横穴式石室を埋葬施設としている可能性もあり、再調査を含む検証が必要であろう。その一つ、左くびれ部に造り出しが検出され、六世紀代から少しさかのぼらせ五世紀末と見ておきたい。

二〇六号墳（鬼の窟古墳）

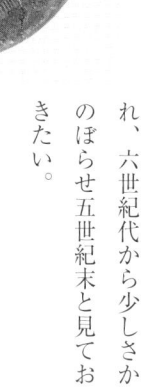

二〇六号墳は、鬼の窟古墳とよばれ、台地に上るとまず目に飛び込んでくる西都原古墳群の象徴的な景観を

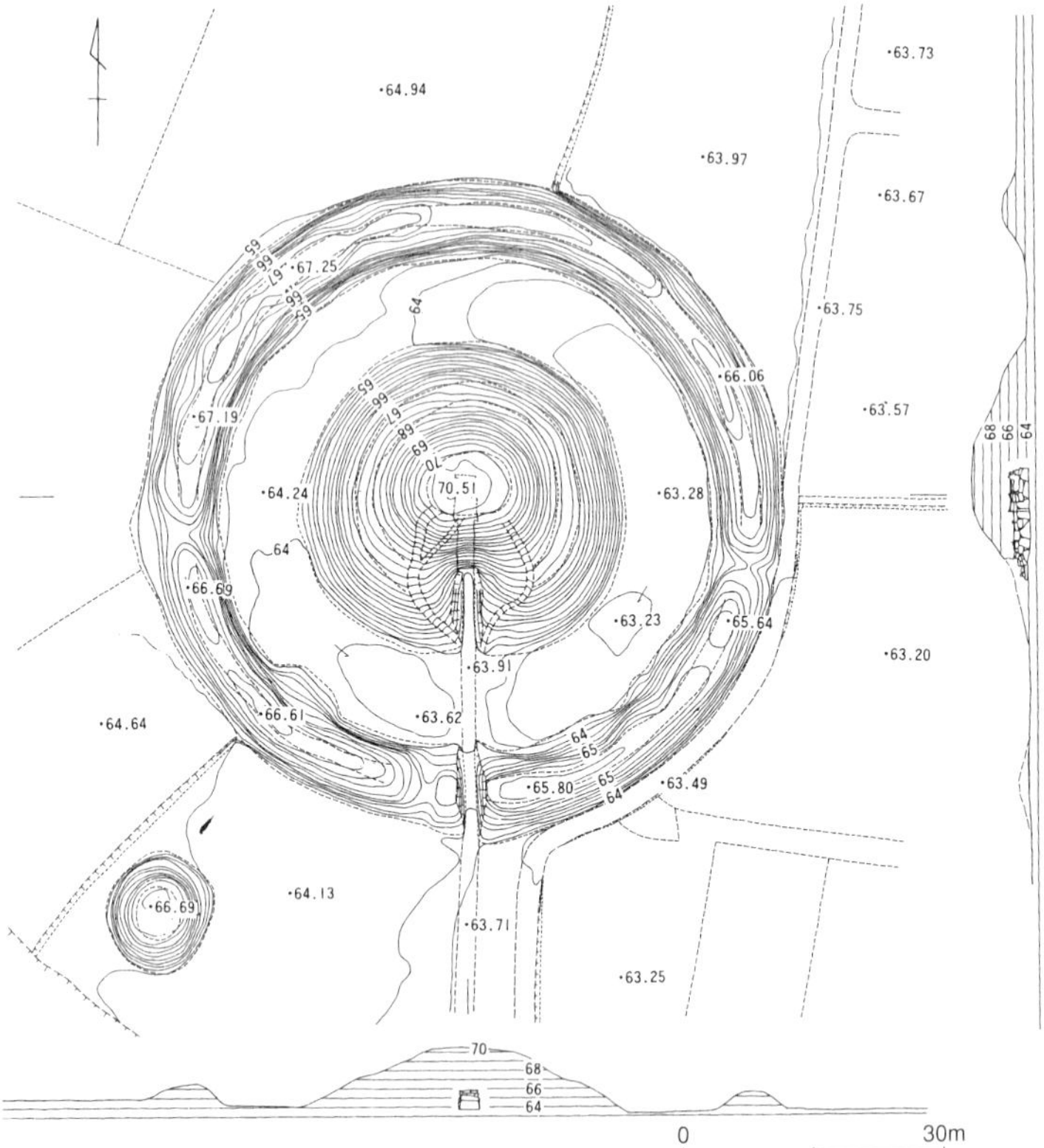

図37　206号墳（鬼の窟古墳）平面図

形成する古墳である。

ややゆがんだ円墳で、その墳丘規模は、東西径三六・四メートル、南北径三三・六メートル、高さ七・三メートルの二段築成、周囲には九・九〜九・八メートルの幅の周溝が巡らされ、さらにその外側に幅八・四メートル〜九・八メートル、高さ二・六メートルの外堤が築かれている。さらに、整備にともなう発掘調査においては幅五メートルの二重目の周溝が巡ることが確認されている。部分的な発掘調査に留まるが、東側の外堤の断ち割り調査で、内堀から外堀に向けた排水施設が設けられていることが確認された。人頭大を超える平たい自然

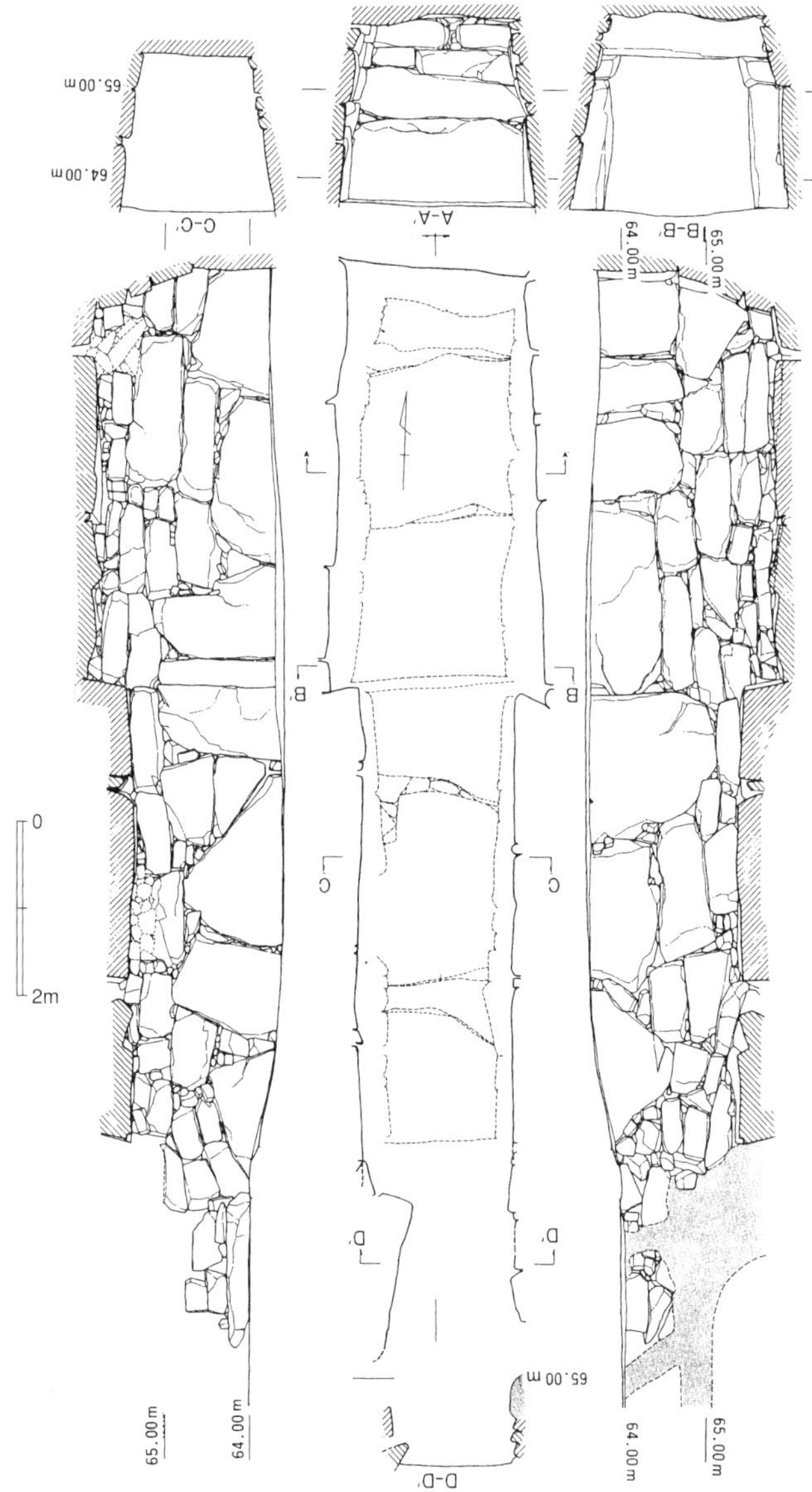

図38 鬼の窟古墳横穴式石室実測図

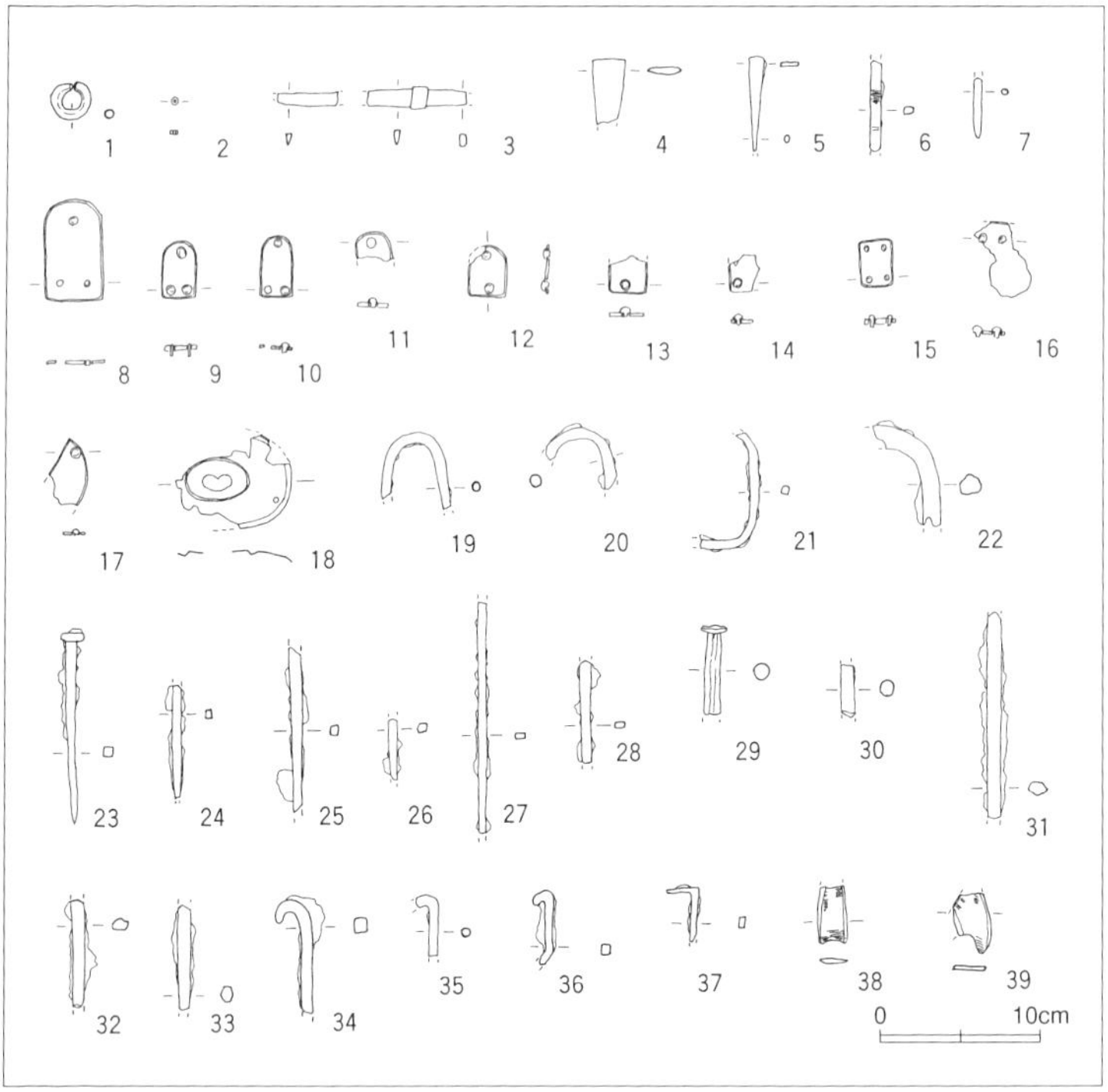

図39　鬼の窟古墳出土遺物実測図
1：耳環　2：平玉　3：刀子　4～7：鉄鏃　8～15：馬具・飾金具
16～22：不明金銅製品・鉄製品等　23～33：鉄釘

石を側板として立て、その上を蓋石が覆う構造である。発掘調査を進めた南に向けた羨門の延長線上では排水施設の存在は認められなかったが、発掘調査を行わなかった西側・北側にも同様の施設が設けられている可能性がある。

奥行四・八メートル、幅二・三メートル、高さ二・一メートルの玄室内からは、馬具の破片などが出土したが、棺釘が奥壁寄りと羨道部の二箇所から検出されている。また、多量の須恵器・土師器を副葬し、出土した須恵器は、TK四三・TK二〇九・TK二一七型式である。したがって、初葬を六世紀第4四半期、追葬を七世紀第1四半期とすることができる。

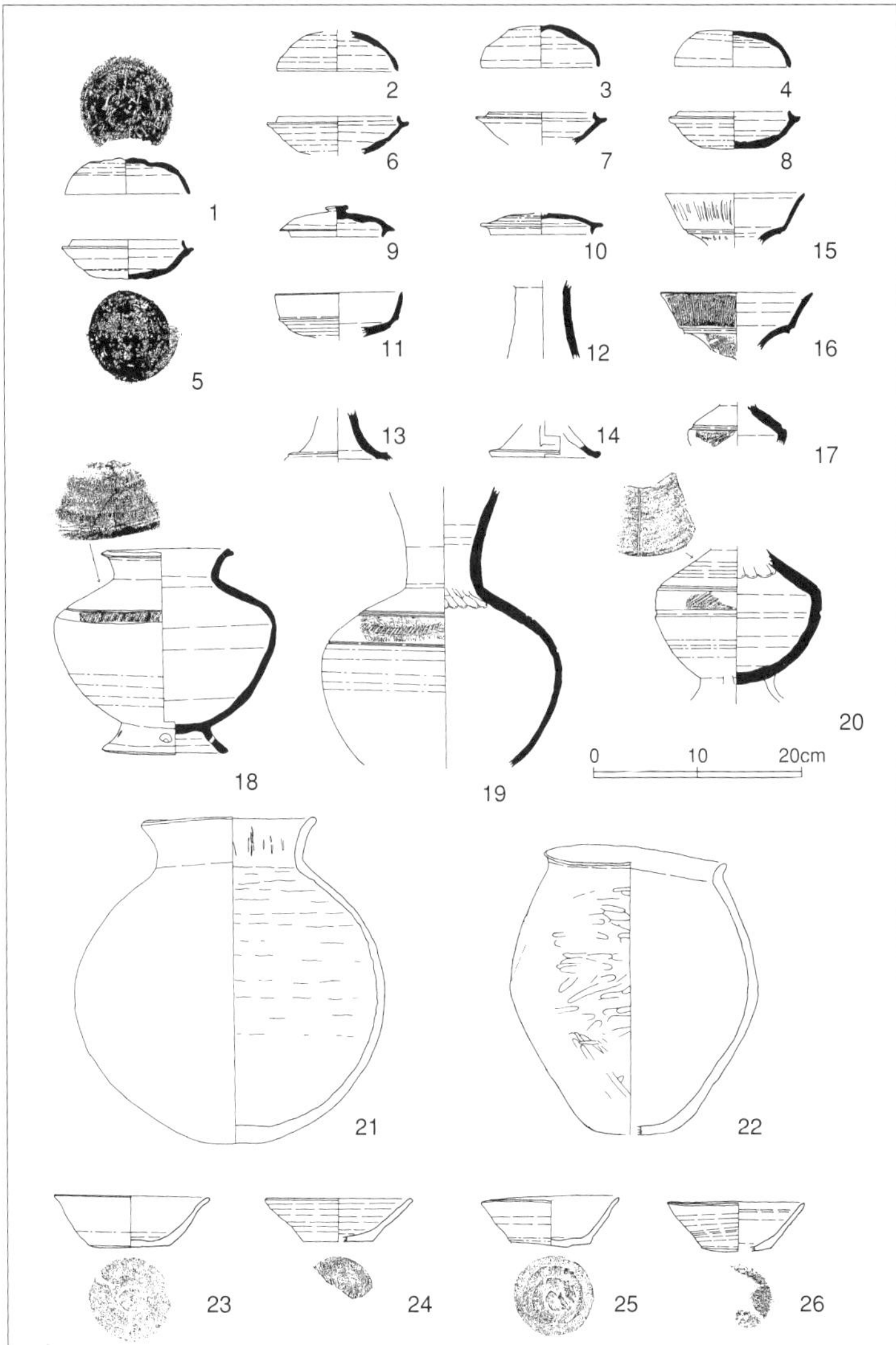

図40　鬼の窟古墳出土土器実測図（1～20：須恵器、21～26：土師器）

1～4：坏蓋　5～8：坏身　9：高坏蓋　10：長頸壺蓋　11～14：高坏
15～17：　　18：脚坏短頸壺　19,20：脚坏長頸壺　21：壺　22：甕
23～26：坏（ヘラ切り底）

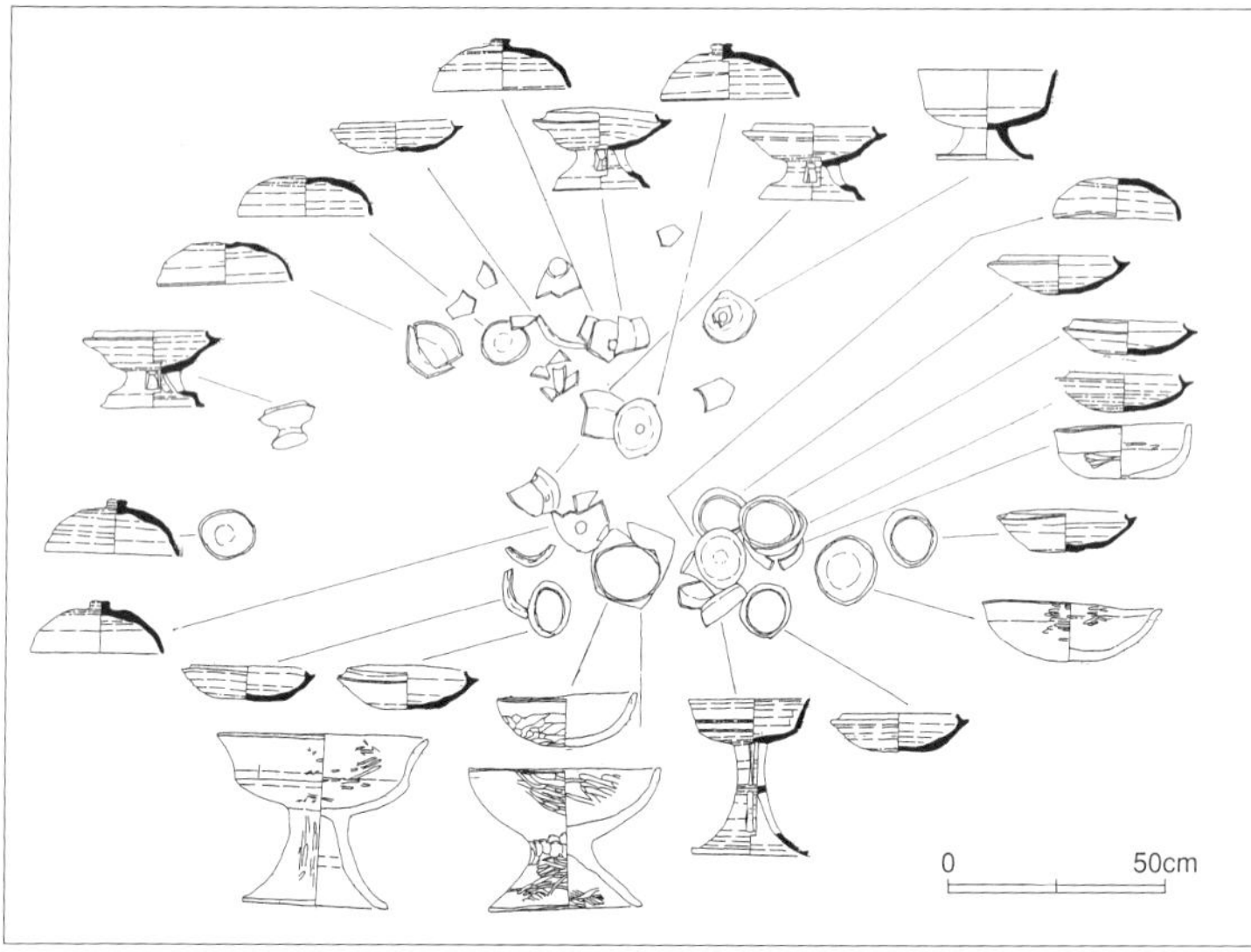

図41　205号墳周溝須恵器・土師器出土状況図

現在のところ、西都原古墳群において横穴式石室は、この鬼の窟古墳が唯一である。しかし、鬼の窟古墳の南、後に述べる酒元ノ上終末期地下式横穴墓群の東隣の谷筋に面した地点に位置する二〇一号墳（円墳）が、低平な円墳の多いなか、めずらしく高い墳丘をもち、その南側に窪みを生じているのを観察することができる。明らかに、墳丘中に原因をもつ窪みと見られ、天井石が陥没し生じたものと推定され、横穴式石室の可能性を指摘しておきたい。ただ、鬼の窟古墳のような巨石を用いる石室ではなく、人頭大の石を積み上げる種類の石室と推定される。

また、鬼の窟に隣接する南には二〇五号墳があり、周溝から多量の須恵器・土師器が検出され、両古墳で検出された須恵器片の間で接合関係が確認でき、陪塚との性格が理解された。鬼の窟で追葬が行われたTK二〇九型式、七世紀第1四半期の築造とみられる。

地下式横穴墓群

六世紀後半代には、平入り型の小型の地下式横穴墓が、台地上を中心に築造されている。これまで地下式横穴墓が確認された地点は、鬼の窟古墳の南で一基、第二－B支群の北部の小円墳下および周辺で、ことに後者の場所が顕著であるが、第一－A支群や第三－A・B支群においても、「座布団」のような低平な小円墳が多く、そのなかには墳丘に窪みが観察されるものがあり、それらは、地下式横穴墓の天井部の陥没によって生じたものと推定できる。

報告書など未刊行のものもあり、これまでに判明している正確な基数を明らかにしがたいが、現在なんらかの形で記録の残された地下式横穴墓は一二基である。ただ後に触れるように一部は六世紀に入るものもある。これまで台地上でのみ知られていたが、いわゆる中間台地を含めて、地下式横穴墓の調査例が増加している。

五世紀代の四号地下式横穴墓以外は、平入り型のものである。基本的には須恵器・土師器を玄室内に副葬品としてもち込んでいる。その他の副葬品では、一号では馬具類（轡）、三号でも馬具類（轡）、鉄鏃、一〇号地下式横穴墓では鉄鏃が加わる程度で、全体に副葬品は豊富ではない。ただ、馬具類が顕著である点は、後に触れる「騎馬文化」との関係で注目しておきたい。

一方、遺構の面では、床面に敷石を採用する点は、西都市から国富町にかけての地下式横穴墓に見られる地域的特色で、段丘礫層を基盤とする地質的要素が現れている。また、九号地下式横穴墓は、九九号墳（前方後円墳）の東に位置する一〇五号墳の墳端部で発見され、これを墳丘とする、墳丘を有する地下式横穴墓の例に加えられる。な

副　　葬　　品	備　考
須恵器(坏・　・提瓶・平瓶・坩・轡(鏡板・銜)	
須恵器(坏蓋・平瓶)・鉄鏃・金環【歯】	
轡・鉄鏃・須恵器(坏蓋)・土師器(坏・甕・高坏)	
短甲3・直刀5・鉄鏃多数・鏡・勾玉・管玉16・小型管玉11・丸玉115・小玉64	墳丘下111号墳
須恵器(坏・壺)・直刀	墳丘下102号墳
須恵器(坏・　・壺)	
須恵器(坏・　)・鉄剣・鉄鏃・貝輪・耳環	
須恵器(坏・　・提瓶)	
須恵器(坏・　)・土師器(埦・甕)・鉄鏃	7c中・墳丘下
須恵器(壺・坏蓋・　)・土師器(埦)・鉄鏃	第2－B支古墳群
－	北中央
須恵器(坏・坏蓋)・耳環	
須恵器(平瓶・坏・大甕)・土師器(埦)・耳環	玄室内に人頭大河原石配置 【墓道規模】長さ2.3・最大幅1.1・深さ1.1
須恵器(坏蓋)・土師器(埦)・鉄鏃・刀子【被葬者】2体以上 【羨門横】須恵器(提瓶)	玄室内に人頭大河原石配置 【墓道規模】長さ2.6・最大幅2.5・深さ1.7
須恵器(坏)	【墓道規模】長さ3？・最大幅3.8・深さ2
－	【墓道規模】長さ5.4？・最大幅4・深さ1.8
－	【墓道規模】長さ6？・最大幅3.7・深さ1.5
須恵器(坏・平瓶)・土師器(埦)【被葬者】2体以上	【墓道規模】長さ11.6・最大幅5.5・深さ2.3
須恵器(坏)・刀子・耳環【被葬者】女性・熟年	
須恵器(坏・坏蓋・台付椀・高坏・平瓶)・土師器(坏)・耳環・鑷子・鉄鏃・刀子【被葬者】3体以上	【墓道規模】長さ7.3・最大幅3.9・深さ3.2
－	墓道のみ検出・現状保存
－	墓道のみ検出・現状保存
－	墓道のみ検出・現状保存
須恵器(坏身・坏蓋)・耳環	
須恵器(坏身・坏蓋)・耳環	
須恵器(坏身・坏蓋・平瓶)	
須恵器(坏身・坏蓋・高坏・横瓶)・土師器(坏・鉢)・耳環	
須恵器(坏身)・土師器(大鉢・鉢・高坏)・耳環・刀子	
土師器(鉢)	
須恵器(坏身・坏蓋・　・甕片)・ミニチュア土器・耳環	
須恵器(坏身・坏蓋)・鉄鏃	
須恵器(坏身・坏蓋)	
須恵器(坏身・坏蓋・平瓶)	
－	
須恵器(坏身・坏蓋・平瓶)・土師器(高坏)	
須恵器(坏身・坏蓋)・耳環・鉄鏃・刀子	
須恵器(高坏)・土師器(鉢・坏)・耳環	墳丘下
須恵器(坏身・坏蓋)・土師器(高坏・甕)・刀子	墳丘下
須恵器(坏身・坏蓋)・土師器(鉢)・鉄鏃	墳丘下
須恵器(坏身・平瓶)・耳環・鉄鏃	墳丘下
須恵器(坏身・坏蓋)	17－1号の長大な墓道を共有
須恵器(坏身・坏蓋)	17－1号の長大な墓道を共有
須恵器(坏身)	17－1号の長大な墓道を共有
土師器(坏)	
須恵器(坏・埦・高坏)・耳環・貝輪(イモガイ製)・轡・鉄鏃・刀子	
須恵器(坏蓋・長頸壺・平瓶)	
須恵器(坏蓋・坏身・高坏・提瓶)	
須恵器(坏身)・土師器(鉢)	
須恵器(坏・坏蓋・平瓶)・鉄鏃・直刀・鍔・刀子	
須恵器(坏・坏蓋)・直刀	

表5　西都原古墳群発掘調査地下式横穴墓一覧

番号	玄室構造			玄室規模(m)		
	型式・床面形	天井部	床面	幅	奥行	高さ
◎西都原台地(標高60m)　風土記の丘整備地区						
1号	平入り型・長方形	ドーム型	−	2.5	1.4	−
2号	〃　・楕円形	〃	−	2.2	1.15	
3号	〃　・長方形	〃	礫床	2.6	2	1?
4号	妻入り型・長方形	家形	屍床	2.2	5.5	1.6
5号	平入り型・楕円形	ドーム型	礫床	2.3	1.8	0.7
6号	〃　・　〃	−	〃	2.4	1.3	−
7号	〃　・　〃	−	−	2.4	1.5	−
8号	〃　・長方形	ドーム型	−	2.4	1.8	0.9
9号	〃　・　〃	〃	礫床	2.6	1.7	1
10号	〃　・略方形	〃	〃	2.3	1.25	0.9
11号	〃　・　〃	〃	−	2.3	1.3	0.8
12号	〃　・楕円形	〃	−	2.7	2.2	−
◎西都原台地(標高60m)　酒元ノ上地区						
1号墓道－1号墓	〃　・楕円形	〃	−	2.1	1.5	0.9
2号墓道－1号墓	〃　・　〃	〃	−	1.95	1.7	0.98
3号墓道－1号墓	〃　・　〃	〃	−	1.2	0.6	0.35
4号墓道－1号墓	〃　・　〃	〃	−	2.6	1.6	0.7
5号墓道	−	−	−	−	−	−
6号墓道－1号墓	平入り型・長方形	ドーム型	礫床	3.2	2	1
〃　－2号墓	〃　・楕円形	〃	〃	2	1.4	0.9
7号墓道－1号墓	〃　・長方形	平天井	〃	2.55	1.91	0.95
8号墓道	−	−	−	−	−	−
9号墓道	−	−	−	−	−	−
10号墓道	−	−	−	−	−	−
◎中間台地(標高20～30m)　堂ヶ嶋地区						
1号	平入り型・楕円形	−	−	1.97	1.64	−
2号	〃　・長方形	ドーム型	礫床	1.85	1.03	0.8
3号	〃　・　〃	平天井	〃	2.1～1.65	1.41	−
4号	〃　・楕円形	ドーム型	〃	2.1	1.33	0.73
5号	〃　・長方形	〃	−	1.9	1.1	0.68
6号	〃　・楕円形	〃	−	2.32	1.57	−
7号	〃　・長方形	平天井	−	2.36～2.3	1.82	−
8号	〃　・　〃	〃	礫床	2.17～1.94	1.34	−
9号	〃　・　〃	〃	〃	1.9～1.66	1.26	−
10号	〃　・楕円形	ドーム型	〃	1.95	1.15	−
11号	〃　・　〃	〃	−	1.44	0.91	−
12号	〃　・　〃	〃	−	1.62	1.11	−
13号	〃　・　〃	〃	礫床	2.21	1.68	−
14号	〃　・　〃	〃	〃	2.01	1.6	0.7
15号	〃　・　〃	〃	〃	1.92	1.32	−
16号	〃　・　〃	〃	〃	2.08	1.33	0.7
17－1号	〃　・長方形	−	−	2.27～1.92	1.52	−
〃－2号	〃　・楕円形	ドーム型	礫床	0.89	0.62	0.37
〃－3号	〃　・　〃	〃	〃	0.9	0.6	0.36
〃－4号	〃　・　〃	〃	−	1.03	0.66	0.45
18号	〃　・　〃	−	−	1.13	0.82	−
◎中間台地(標高30m)　国分地区						
1号	平入り型・楕円形	−	礫床	2	1.53	−
2号	〃　・長方形	−	−	1.99	2.19	0.78
3号	〃　・長楕円形	−	−	2.19	1.1	0.7
4号	〃　・　〃	ドーム型	−	1.51	0.85	0.56
5号	〃　・　〃	〃	礫床	2.28	1.35	−
6号	〃　・楕円形	〃	−	1.03	0.72	−

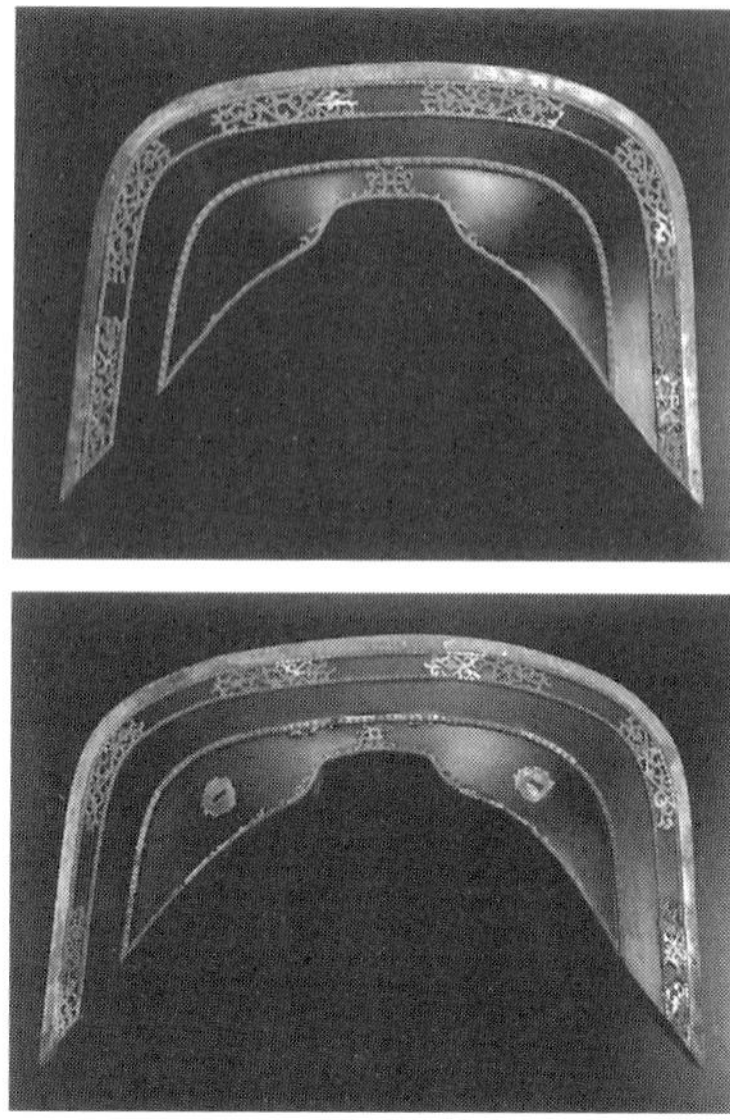

図42 国宝金銅製馬具
（上：前輪　下：後輪）

お、この北に位置する一〇二号墳の墳端部でも五号地下式横穴墓が発見されている。

国宝金銅製馬具

「日向国西都原古墳出土　金銅馬具類」なる指定名称をもつ馬具類の一括資料がある。しかし、実際に出土したのは西都原古墳群の南西に谷を隔てた、やや狭小な台地上に分布する通称「百塚原古墳群」であるとされている。現在の所蔵機関である五島美術館（東京都）に所蔵されるまでにいたる経緯は、一九一六（大正五）年、一説には一九一二（大正元）年に発見され、地元の人手から弁護士で古美術収集家として知られた守屋孝蔵（京都市）の手に渡り、守屋美孝の代に五島美術館に譲渡されたと伝えられている。

誉田山古墳（伝応神天皇陵、大阪府羽曳野市）の陪塚とされる丸山古墳出土の金銅馬具類とともに馬具の優品の一つに数えられる。竜文の透かし彫りをもつ金銅鞍橋金具の前輪・後輪の残欠・金銅透彫雲珠・金銅透彫辻金物・金銅透彫散金物・金銅透彫轡鏡板（竜文）・金銅透彫杏葉（竜文）の他、金銅無地杏葉・無地雲珠・無地辻金具・金銅鉸具など鞍から尻繋にかけての一式が出土していることになる。

しかし、多くの謎は残されている。百塚原古墳群は、現在の県指定史跡の名称では「妻町清水・

西原古墳」（妻町は西都市の旧地名）として、字名の清水・西原、大字三納の一部などの地区に分布する古墳の総称であるが、そのうちどの古墳から馬具が出土したのかが不明なのである。この場合、出土遺構が、南九州においては高塚古墳であるのか地下式横穴墓であるのかではその位置づけや意義も変わってくる。現存する古墳群は、前方後円墳二基と円墳二三基であるが、円墳群は標高九〇メートル代の台地上に立地するのに対して、前方後円墳は標高一六メートル前後の一段低い台地裾部に立地している。断片的に伝えられる話からは、台地上の円墳群からであった可能性が高く、この円墳群は小円墳が中心で地下式横穴墓を埋葬主体とする可能性が高いのである。

（四）七世紀～古墳終焉

酒元ノ上終末期地下式横穴墓群　西都原台地上で圃場整備が計画されたが、歴史的景観の保全は最低の条件と考えられたため、現状の地形を大きく変更することなく、圃場の集団化を進めることで合意を得ることができた。そのうち、鬼の窟古墳の南に南東に向けて開析する大きな谷地形があり、字名では酒元ノ上とされる地区で、谷地形に添う形での農道が計画された。細長い農道幅でのトレンチを設定するような調査となったが、やがてその調査区をほぼ等間隔に横断する形でいく本かの溝状遺構が検出された。削平された古墳の周溝とは地形的な関係から考えにくかったが、谷に向けた溝との認識を調査者達はもち、調査を進めた。調査が進むに従い、とくにほぼ全体が調査区内に姿を現した「六号」の溝の形状は、V字形から部分では床面を形成する箱堀状を呈し、耳環が

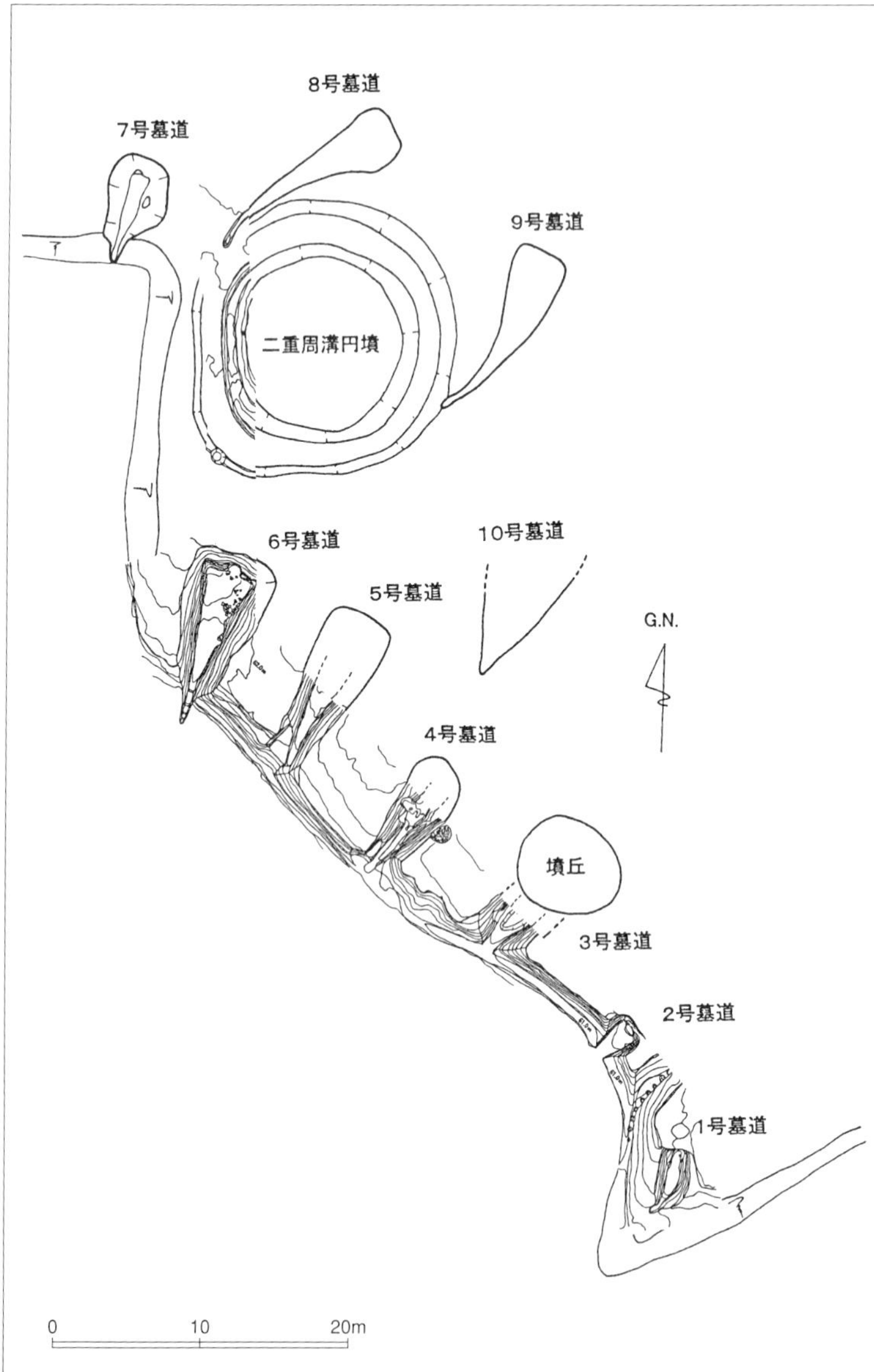

図43　酒元ノ上終末期地下式横穴墓群分布図

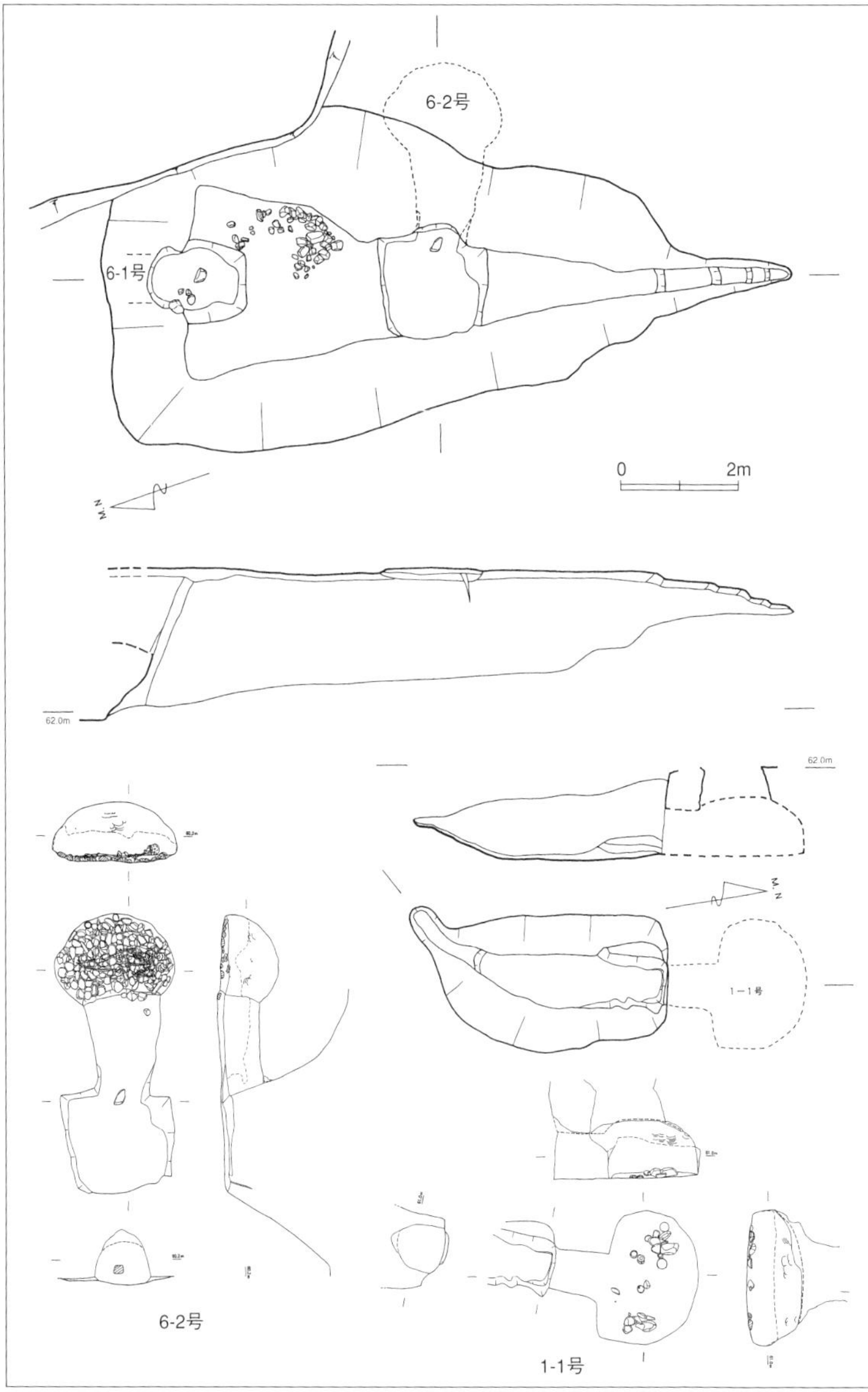

図44　酒元ノ上終末期地下式横穴墓実測図

埋め土のなかから検出されるに及び、どうやら単純な溝ではなく、横穴墓であれば墓道といえる存在であると考えられるにいたった。

全体像を現したのは、六号墓道とその奥壁に設けられた六－一号玄室と側壁に設けられた六－二号玄室である。南西向きの緩やかな傾斜地に掘り込められた墓道は、平面形が楔形を呈し、頂点の入口部分からは足場として階段状に成形され、やがて傾斜となり平らなV字の床面へとつながっていく。一・二号玄室ともに、墓道の床面がわずかながら掘り窪められ、羨門部となり、六－一号玄室は、短い羨道の奥に奥行二メートル、幅三・二メートル、高さ一メートルの平入りの玄室が掘り抜かれ、六－二号玄室は、奥行一・四メートル、幅二メートル、高さ〇・九メートルの規模である。二号玄室に、ほぼ完全な形で遺存した被葬者は、形質人類学でいう熟年（四〇～五〇歳代）の女性であった。

一号・二号墓道は短く、一基の玄室のみであるが、その他長大な墓道については側面に一基、奥壁に一基を基本として造墓されている。現在までに一〇基の墓道を確認しているので、玄室の数は、一・二号墓道のおのおの一基と三～一〇号墓道がおのおの二基として、一八基の存在が想定されるが、玄室内部の調査はそのうち七基のみで、その他は現状保存としている。なお、三号墓道の玄室上には、円形の墳丘が意識された盛り土が認められている。造墓の時期は、検出された須恵器から、七世紀前半を初現とする。

この種の墓道は、横穴墓のものであるが、小さく天井の低い玄室の形状は地下式横穴墓のものである。したがって、終末期地下式横穴墓と呼称するが、その定義については後に述べる。

また、七号墓道については、地中探査を行いながら置田雅昭（天理大学）が中心となり調査を実

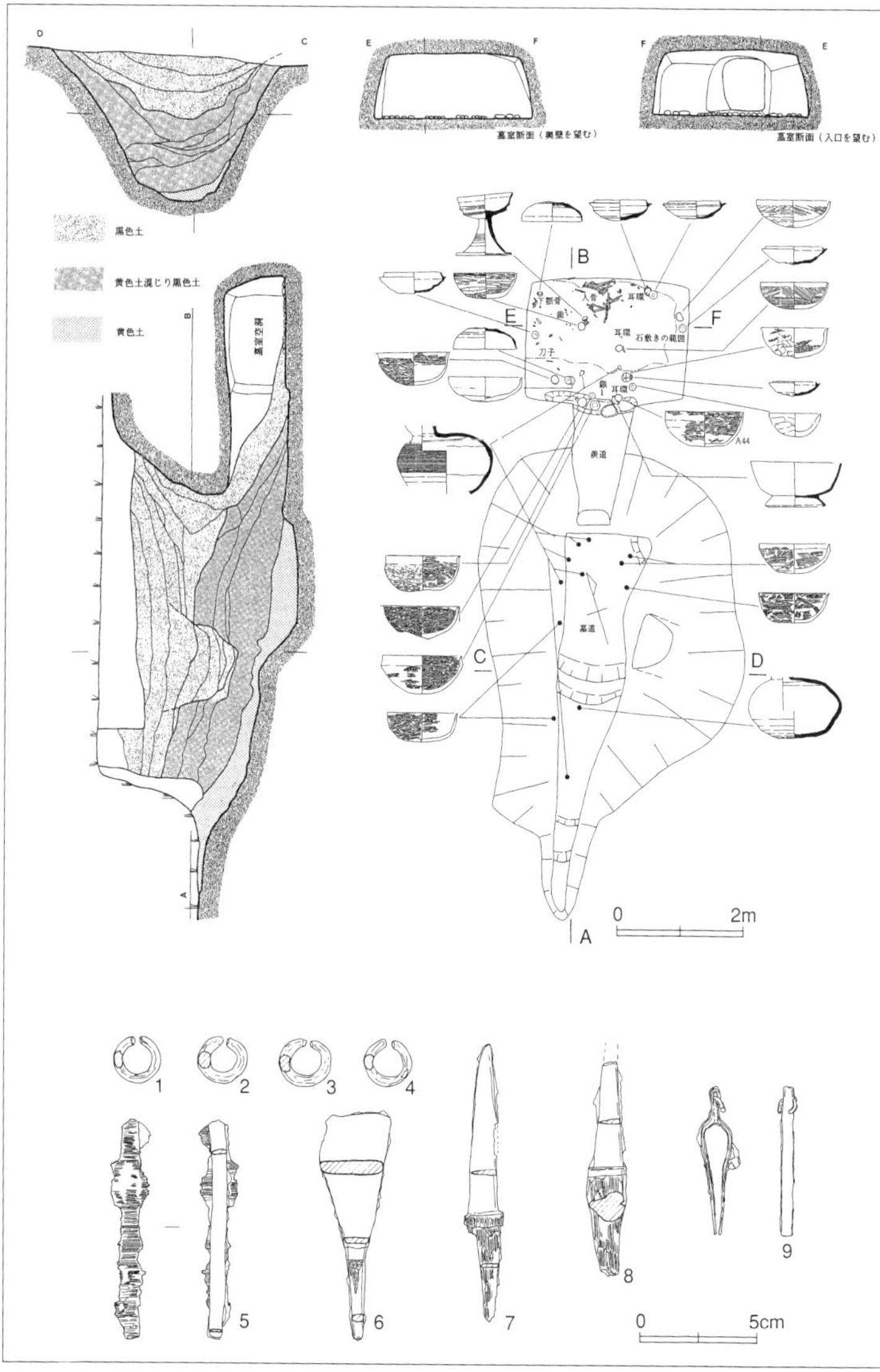

図45　酒元ノ上７号終末期地下式横穴墓と遺物実測図
（１～４：耳環　５：不明鉄製品　６：鉄鏃　７・８：刀子　９：鉄鑷子）

施している。なかでも、須恵器に積もった埃状の土壌の分析により、魚介類に特徴的な脂肪酸であるＤＨＡ（ドコサヘキサエン酸）やＥＰＡ（イコサペンタエン酸）が、和田俊（東京水産大学）によって検出されたことは特記される。ＤＨＡは、空気中では風化がいちじるしいが、水中では保存される。地下式横穴墓の玄室内は、九九パーセント以上の湿度ももつことが確認されており、あたかも水中にあるかのような状態が保存に役立ったものと考えられる。

　また、馬埋葬土壙をともなう二重周溝をもつ削平された円墳も検出されている。同様の馬埋葬土壙は、第三－Ａ支群の一角からも二基の円墳の周溝確認調査にともない、一基の削平古墳の存在が確認され、同時に馬埋葬土壙も検出された。

「中間台地」の終末期地下式横穴墓群

　稚児ヶ池（ちごがいけ）の周辺において地下式横穴墓の存在が明らかになってきた。宅地化の進んだ同地域で、これまでに地下式横穴墓の存在が確認されていなかったのが不思議なくらいに、密集した地下式横穴墓の存在が次々に明らかになっている。

　一つは、中間台地での古墳群保護のため、周溝などの確認調査で明らかになったものである。その後、区画整理事業や団地造成に先立つ発掘調査にともない、それまで古墳分布の空白地域で、削平古墳と共存する地下式横穴墓が、面的に姿を現すにいたった。堂ヶ嶋第二遺跡周辺には円墳が散在しているが、その間の平地を発掘調査した結果、削平された円墳と地下式横穴墓群の存在が確認された。なかでも、長大な墓道に四基の地下式横穴墓を共有する一七号墓道は、注目に値する。また、国分寺推定地の北側に谷を隔てた国分遺跡においても、同様に削平された円墳と周溝に竪坑を掘り込む地下式横穴墓が検出されている。

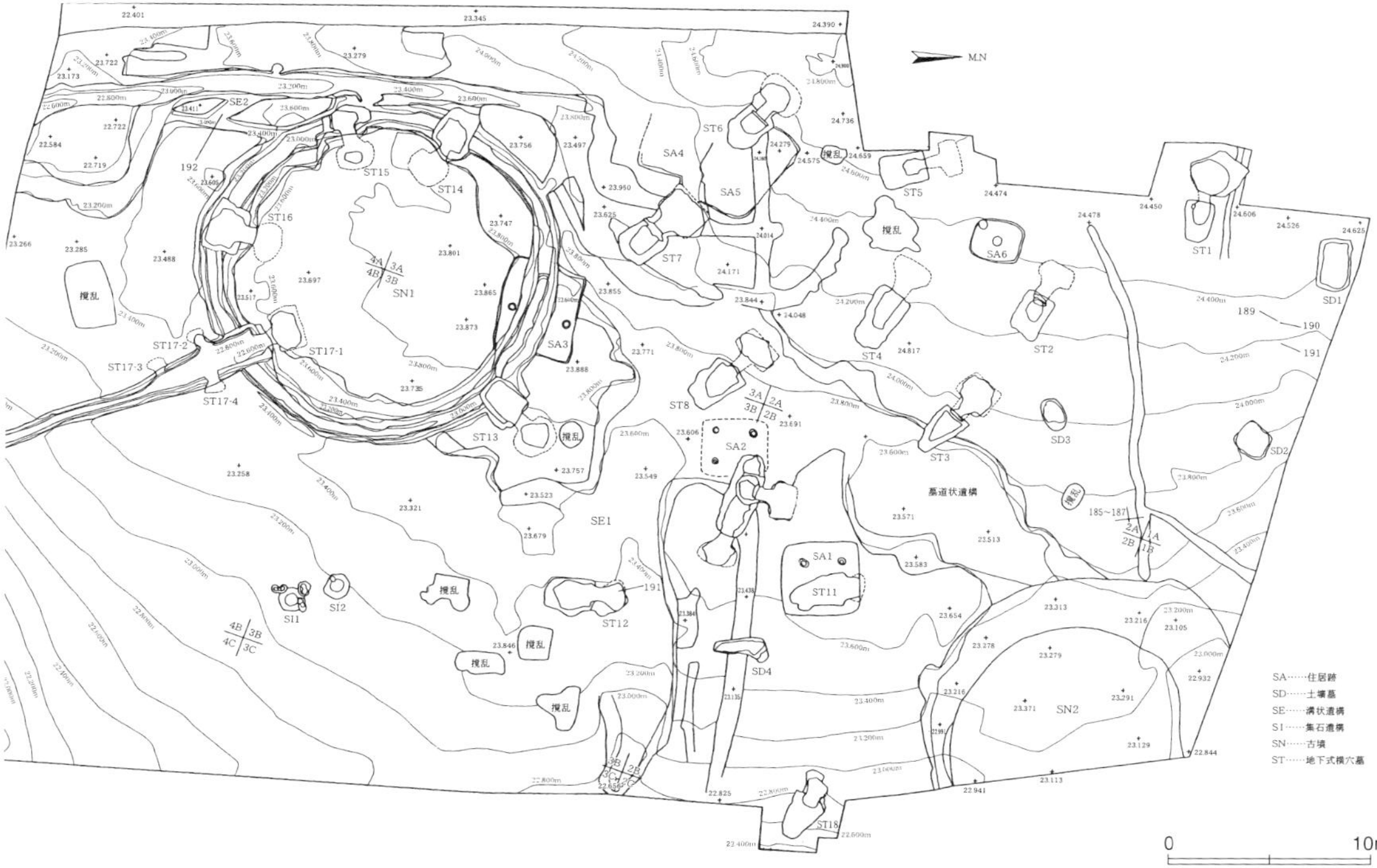

図46　堂ヶ嶋第２遺跡遺構分布図

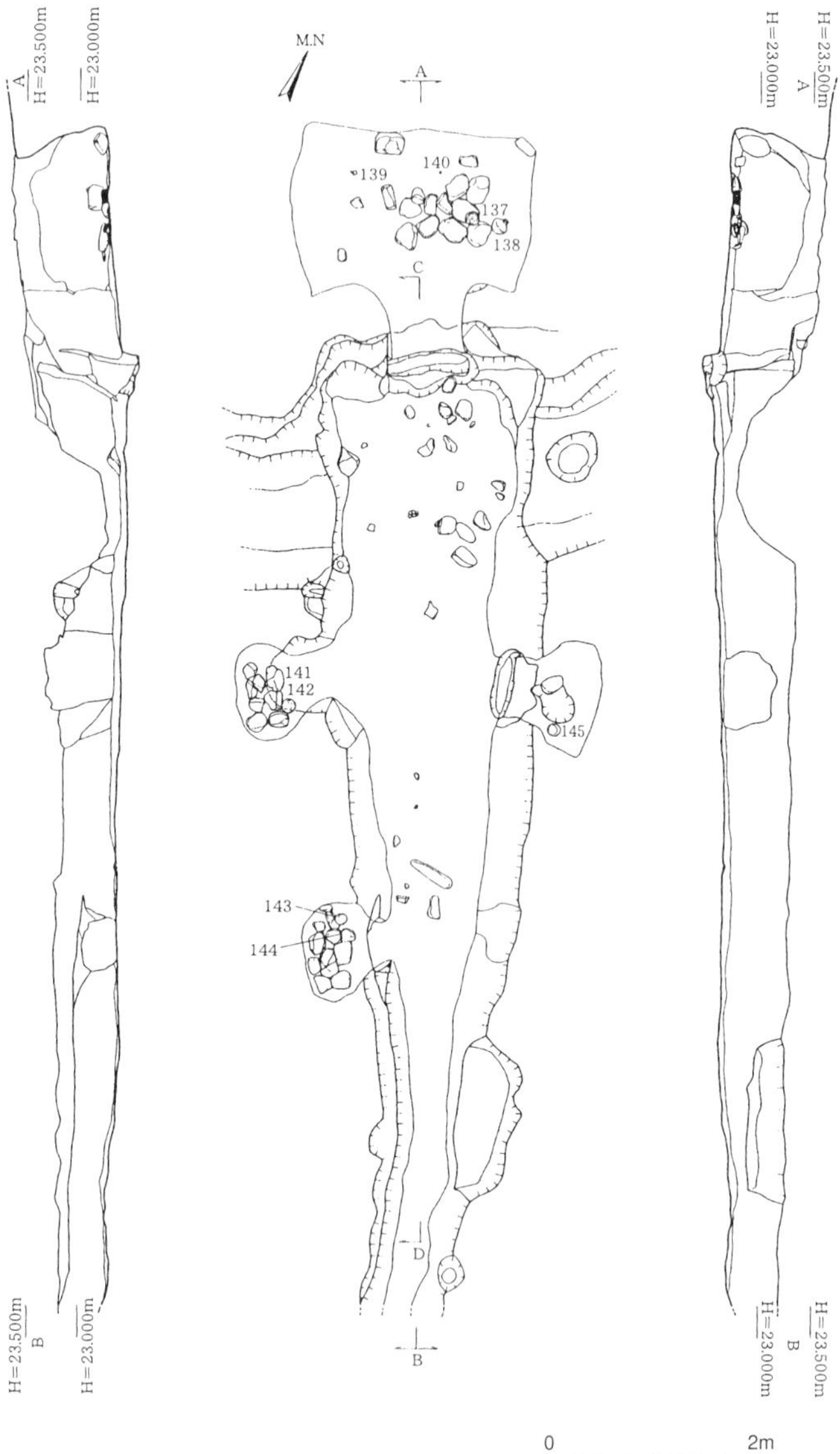

図47　堂ヶ嶋第２遺跡17号終末期地下式横穴墓実測図

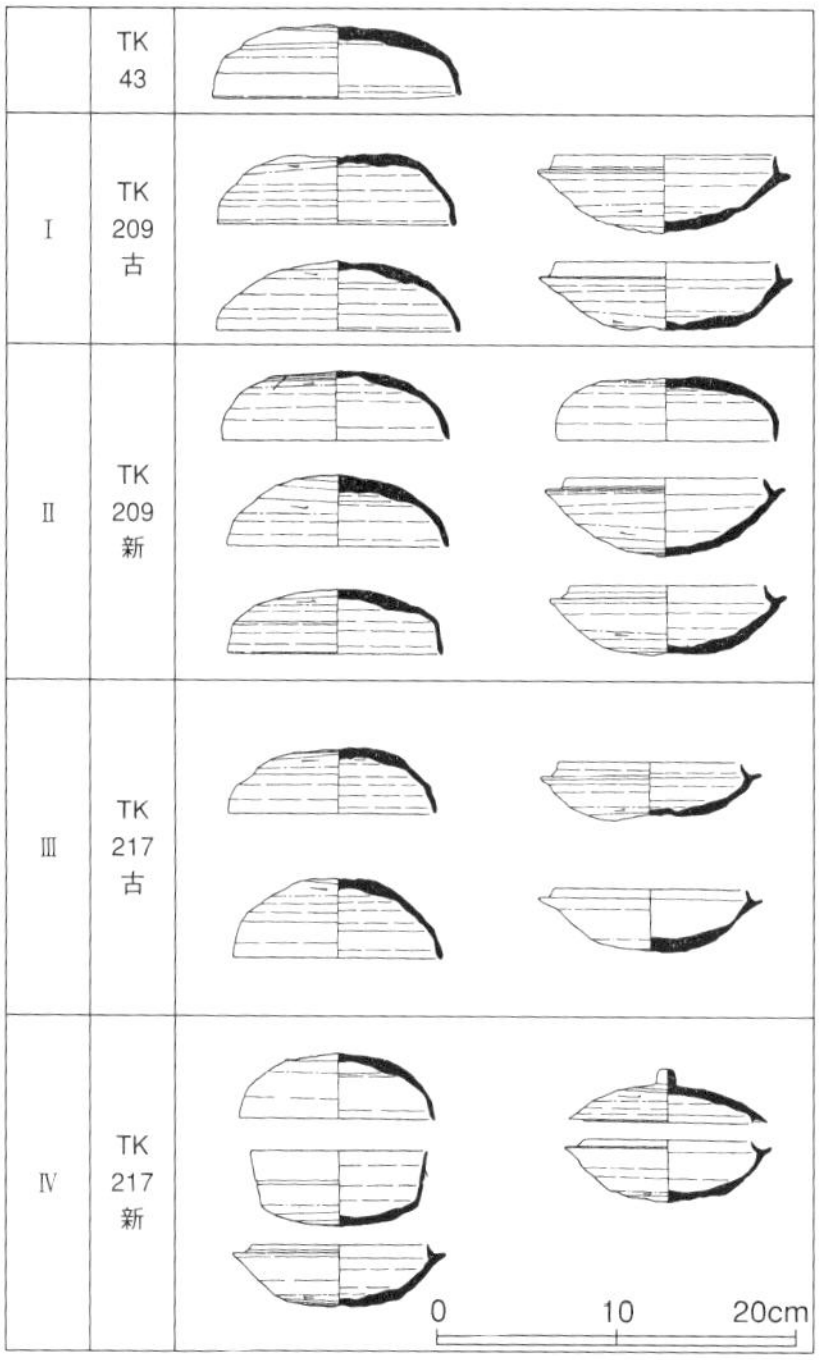

No.	平面プラン	TK209古	TK209新	TK217古	TK217新
2	長方形	■	■		
3	長方形	■	■	■	
9	長方形	■	■	■	■
7	長方形		■		
8	長方形		■		
4	楕円形		■		
16	楕円形		■		
13	楕円形		■	■	
1	楕円形		■	■	■
10	楕円形			■	
12	楕円形			■	
14	楕円形			■	
17-1	長方形			■	
15	楕円形				■
17-2	楕円形				■
17-3	楕円形				■
17-4	楕円形				■

図48　堂ヶ嶋第2遺跡出土須恵器編年試案と地下式横穴墓の変遷

いずれも六世紀末から七世紀初頭を前後する時期に造墓を開始し、堂ヶ嶋第二遺跡で調査者の編年をもとに試みられているように玄室構造の変遷を見て取ることができる。

地中探査の成果と有効性

西村康（奈良国立文化財研究所）は、地中探査を本格的に考古学の調査の世界にもち込もうと、その検証の場所の一つとして西都原古墳群を選んだ。一九八〇年代のことである。地下に空洞の部屋を穿つ地下式横穴墓は、地中探査にとってまたとない対象物であり、のみならず各種の墳形や遺構に恵まれた西都原古墳群は、探査の有効性の検証とその成果を蓄積する場所として最適であった。そして、宮崎県立西都原考古博物館では、ライフワークとして古墳群全体の地下地図の作成を目指している。

一三号墳の再発掘調査に先立って、レーダーを用いた探査を実施した。大正時代の調査記録との対照と調査方針の検討のため行った探査は、その有効性をあらためて認識させるものとなった。とくに、埋葬主体部の探査結果は、その位置、方向、傾斜等まで的確に認識することができている。これは、ディーン・グッドマン（アメリカ・マイアミ大学）の開発したタイムスライス、3Dなど多彩な解析プログラムの有効性の証明でもある。

また、一〇〇号墳の周溝（または周堀）の存在は、試掘トレンチでは土層の攪乱がいちじるしく、明瞭にとらえることができなかったが、先だって実施した探査によって、鍵穴形に巡る周溝の存在が確認されている。これは、土層が攪乱されていたとしても、周辺の地層と本来周溝の存在した土層との間では、レーダーの透過スピードに違いがあるためと考えられ、探査の有効性を示す好例であろう。

その他、座布団のような低平な円墳に生じた地下式横穴墓に原因するとみられる窪みの確認、四号地下式横穴墓すなわち一一一号墳の地下式横穴墓と墳丘中の埋葬施設の確認、酒元ノ上終末期地下式横穴墓の確認などを行ってきている。

また、陵墓参考地での探査は、男狭穂塚の方壇部の左側、内壕、周庭帯、外壕の在り方をみきわめること、さらに女狭穂塚と男狭穂塚の周壕の関係、あるいは切り合いをみきわめることを目的としている。男狭穂塚の方壇部の形状を把握することは容易なことであると考えられるが、両古墳のとくに後円部側での周壕の関係については、地形的に高位の部分にあたり、全周せず、掘り抜いていないことも十分考えられる。低位部分に当たる前方部のみを完掘して形を整えたとしても不思議はないことからすれば、両者の周壕の切り合いによる先後関係の判別は、埋葬主体部の調査や副葬品の詳細な編年観によらないかぎり、永遠の謎であるかもしれない。

いかにして、宮崎県において陵墓参考地の測量調査や地中探査が可能になったかについては、いずれ語れることがあるだろうと思う。今は、「この国」の考古学の在り方を真摯に考えるある考古学者の夢とのさいわいな一致があったことをだけを、ただひとつ書き留めておきたい。

V　西都原古墳群を読み解く

1　古墳築造の基盤

台地を制する者

南九州の古墳時代を概観すると、大隅半島までを含む、後のいわゆる「日向」の範囲のなかで首長墓の盟主が変遷してきたことを知ることができる。その開始期において、盟主的位置にあった生目古墳群（宮崎市）は、なぜその後も一直線に南九州の覇者として君臨し得なかったのであろうか。それは、結論から言えば、宮崎平野の経営の困難さに起因していた。

大淀川は、現在のように安定しておらず、大きくは四本の流域に分かれていた。いちばん北側の流れは、平和台周辺の下北方古墳群の分布する台地の下を沿い、県総合博物館の周辺からやや蛇行しつつ東進し、海岸線に平行する砂丘列に沿って南下した。その途中の浮ノ城の地名は微高地に由来し、現在の新別府川はその名残である。次に、やや南下した第二の流れは、宮崎大宮高校の南、東高校の建つ地点に所在した弦月湖とよばれた溜池が名残であり、浮ノ城あたりから第一の流れと

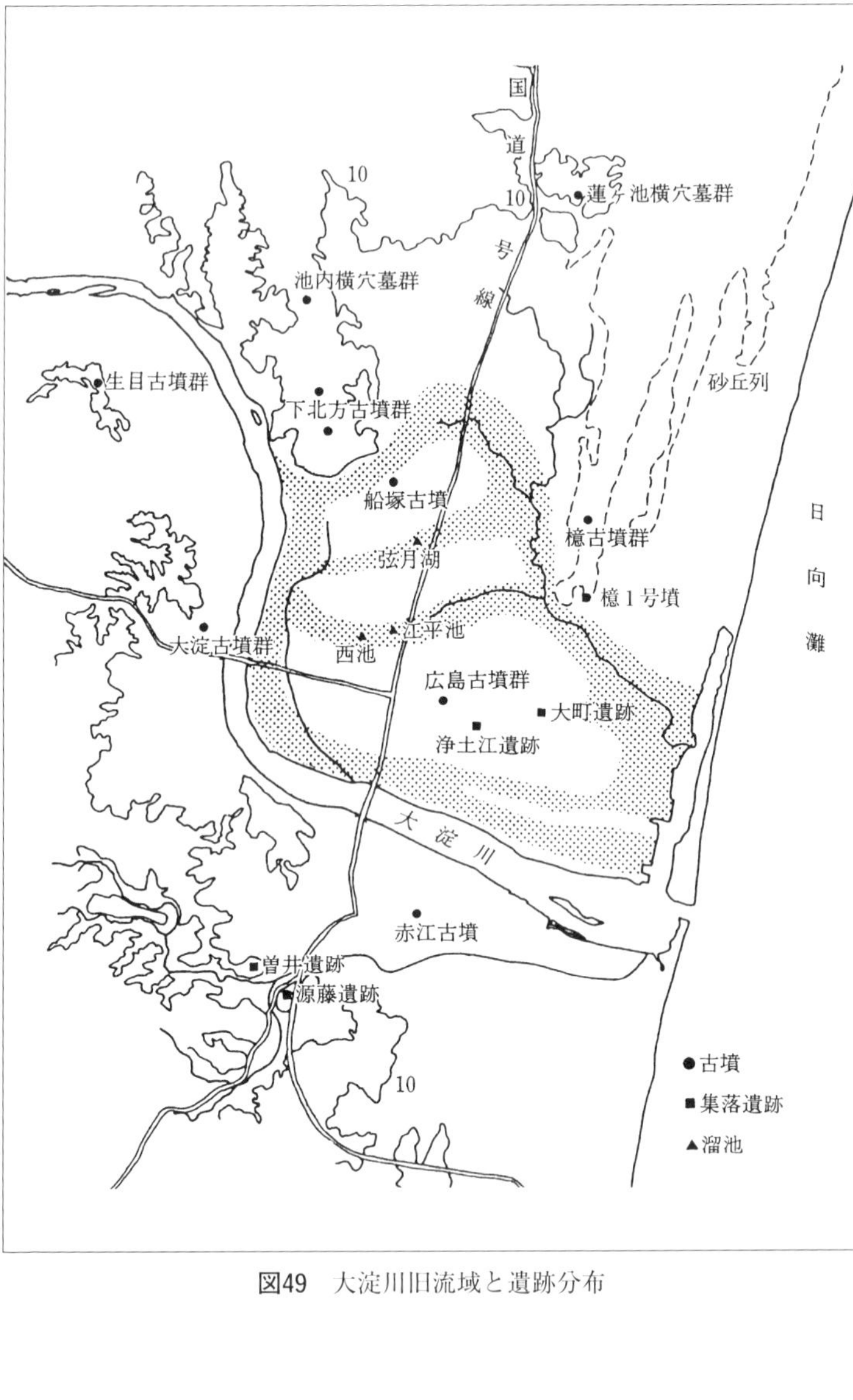

図49　大淀川旧流域と遺跡分布

合流した。さらに第三の流れは、江平、西池といったいずれも小学校の立地する地点の溜池や、柳丸町にある水路などをその名残としている。さらに南下すると、ほぼ現在の流れに添う形で、松橋川として現在も水路が生きている。こうした河川に囲まれたかぎられた島状の微高地を生活域とし、また墓域も形成された。霧島、広島なども、本来そうした島状の地形に由来する地名と考えられる。

図50　広島古墳群出土の蝙蝠形座内行花文鏡

大淀川の右岸には大淀古墳群、左岸ではＪＲ宮崎駅の西側に広島古墳群などが築造された。大淀三号墳では、四世紀代の底部穿孔壺形土器の存在が知られ、墳形は前方後円墳である可能性が高いもののその確証は得られていない。また、広島古墳群からは、蝙蝠形座内行花文鏡・画文帯神獣鏡片や半円形と菱形を組み合わせためずらしい杏葉などの出土が知られている。しかし、すでに宮崎市街地の中心部の下に没し、その所在は不明である。一方、やや狭小な独立した台地上に形成された生目古墳群と、その対岸大淀川の左岸の台地上に下北方古墳群が形成されている。在地墓制の地下式横穴墓の存在も顕著で、下北方五号地下式横穴墓からは、甲冑・馬具などに加え県内唯一の出土である金製垂飾付耳飾りが注目される。

しかし、これらは単独的な存在で集中的な勢力を形成するには、ついにはいたらなかったのである。それは、もっぱら水田耕作を中心とした平野部の生産基盤が脆弱であったためである。加えて、大淀川流域には畑作が可能な広大な台地地形が発達しておらず、細尾根のやや急峻な丘陵地がつづく。それに対して、一ツ瀬川流域や小丸川流域では、狭小であるが平野部での水田耕作と、周辺に広がる広大な平原を展開する台地があり、ここが畑作の拠点となり、水田耕作以上の重きをもって生産基盤を支え、その相互補完的な生産がより安定した基盤を約束したと考えられる。また、台地すなわち「原」は墓域ともなった。

内陸部の本庄古墳群（国富町）なども同様で、河川流域の狭小な水田と台地の畑作を併せもつことで、基盤の安定を維持し得たのである。南九州では、河川ではなく、台地を制した者こそが覇者となり得たのである。

台地上での集落形成

南九州の台地上の遺跡の立地には、明確な指向性がうかがえる。すなわち、台地の内側に遺跡は形成されず、縁辺に展開することである。これらには、水の便が大きな要因となったであろうことは間違いない。生活用水としては、台地に派生する谷に生じる湧水がのぞまれていたと考えてよい。事実、西都原の台地においても、遺跡は台地の縁辺に営まれている。旧石器時代・縄文時代草創期から早期にかけての集石遺構をともなう遺跡の存在が確認されているが、それらは散発的であり、拠点的ないしは継続的な集落形成は見られない。

それは弥生時代も同様で、中期に入って散発的な形で住居が営まれているだけである。これまでに確認されている中期の住居は、台地の北部にかぎられ、西都原東遺跡・新立遺跡で竪穴住居跡がともに一棟、東立野遺跡での中期末から後期前半の竪穴式住居が六棟確認されているのが目立つくらいである。これらには、花弁状間仕切り住居が含まれ、隣接地でも中期から後期初頭の住居跡が三棟確認されている。他に、台地南部の原口第二遺跡では弥生時代後期の住居跡が確認されている。

新立遺跡の中心は、弥生時代終末から古墳時代初頭にかけて営まれている。第三－B支群から東に突出して派生する台地に立地するが、先の弥生時代中期とみられる円形住居一棟以外は、不整形の住居や方形平面の一辺に張り出しをもつ住居を含むが、基本的には方形の平面形をもつ竪穴式住居跡である。

出土遺物で注目されるのは、多くの有肩打製石斧と方形石包丁の出土である。二〇棟の住居の半分一〇棟から一七点の出土があり、大型の三点は打製で、他は磨製の長軸両端に抉りをもつ。打製石斧は、古墳時代に入っても継続して畑作の土掘り具として使用され、方形石包丁は陸稲類の穂摘み具として使用されたとみてよいであろう。

また、台地の西側に位置する寺原遺跡（調査年次で現在まで第一から第四遺跡などと分けられている）は、密度の高い古墳時代初頭から前期の遺跡として認識されている。一部弥生時代終末にさかのぼる竪穴住居跡も確認されているが、道路拡幅幅三メートル、延長一二〇メートル程の調査範囲で、最終的には二一棟の重複した竪穴住居跡が確認されている。

古墳築造との関係

この新立遺跡と寺原遺跡は、標高六〇メートル台の台地上に認められる限定された古墳時代前期の集落跡である。その集落の性格には、大きな違いが認められる。新立遺跡は、幅一〇〇メートル程の舌状に延びる台地に立地しており、住居跡はほとんど重複することな

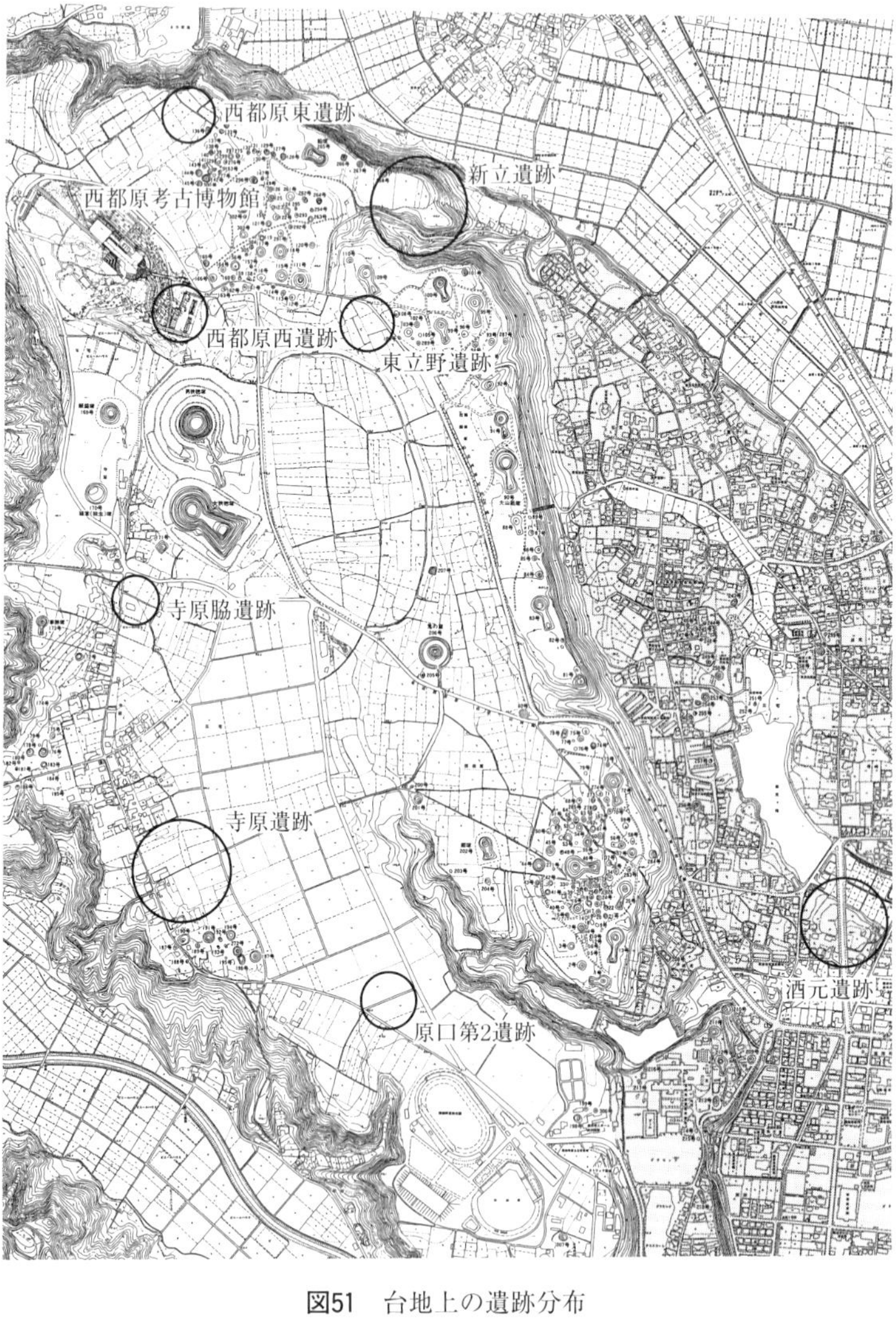

図51　台地上の遺跡分布

く、散漫に分布している。一時期には、せいぜい数棟で集落が営まれたものと見られるが、石斧や石包丁の多さから、農耕に従事する小集落との印象が強い。

それに対して、寺原遺跡は、調査区周辺の畑地耕起に際しても密集した竪穴住居跡の輪郭を認めることができ、集落の範囲は表面採集や微地形から判断して三〇〇～四〇〇メートル四方とみられ、限定された広がりのなかで、立て替えが頻繁に行われたため、多くの住居が重複するにいたったと見られる。現在のところ全容については詳細を究めないが、一〇〇棟を超える住居跡が残されている可能性があり、一時期には二〇棟前後からなる集落景観を描くことができる。しかし、石包丁は一点のみの出土で、出土遺物の傾向からは、生産的集落というより消費的集落との印象がある。

この二遺跡は、時期的には柄鏡形前方後円墳の築造と重なり、古墳築造集団の一部を担ったものと見られる。しかし、新立遺跡が、農耕に関する小規模な仮設的集落とみなされるのに対して、寺原遺跡は、台地上唯一といってよい古墳築造集団の集落であり、四世紀代の前方後円墳三基を含む寺原第一支群、ないしは前方後円墳一基を含む寺原第二支群の築造を担ったとみなしてよい。距離的には、寺原第二支群は集落とは連続的な隣接地であり、第一支群とも一〇〇メートルとは離れない位置関係にある。

こうしたことから、この寺原第一・第二支群の築造集団は、一部規模を縮小しながら五世紀以降も住居を営んだ可能性もあるが、基本的には古墳時代前期、おおむね四世紀代いっぱいまで、例外的に台地上に集落を営むことが許されていたとみられる。それに対して、台地東側縁辺に中心的な古墳群を築造した集団の集落は、基本的には台地上から生活域を排除し、中間台地を中心とした地域を生活域として限定していたとみられる。

台地下の古墳築造期の集落

こうして生活域と墓域が区分されたのは、巨大古墳男狭穂塚・女狭穂塚の築造を期にしてのことと見られ、以後地下式横穴墓を中心として円墳群が営まれる段階も台地上は生活域から外されていた。

中間台地については、県教委および市教委が国衙確認や宅地開発にともなう試掘調査等を広域的に行ってきたが、そのほとんどといってよい地点において、古墳時代の住居跡を確認している。ただし、沖積地の発掘調査が進んでいないため、沖積地における集落と耕作地の開発がどのようであったかについては、詳細は不明である。

こうして、古墳時代として描かれる景観は、一段低い中間台地を生活域とし、高い台地を墓域として区分し、とくに四世紀代の台地縁辺に柄鏡形前方後円墳が連なる時期においては、中間台地の生活域から見上げると、そこに灰色の葺石に覆われた首長墓としての前方後円墳が、兀然(こつぜん)と峙(そばだ)つ姿を思い浮かべることができる。

さらに、首長層のいわゆる豪族居館跡は、現在の妻北小学校の南西に想定される。児湯池から稚児ヶ池につながる谷地形と、南に広がる沖積地に挟まれるように突き出した中間台地から派生する台地面は、酒元遺跡として一部が発掘調査されたが、五世紀代、まさに古墳時代の最盛期を中心とする集落跡であり、豪族居館等を想定してもよいであろう。

そして、後に触れるように台地上にふたたび生活の痕跡が刻まれるのは、奈良時代に入ってからであった。

2　古墳時代の変遷

古墳の始まり

弥生時代の墳墓の実態は、さほど明らかになっていないが、周溝墓の存在が川南町や新富町で知られている。なかでも、新田原－祇園原古墳群の北側に広がる台地で確認された川床遺跡では、弥生時代後期から終末にかけての周溝墓と木棺墓・土壙墓が検出されている。川床遺跡にみる周溝墓等の在り方は、埋葬主体部に木棺を採用し、一周溝に一主体部が基本であり、これは周溝墓の本格的な最初の発掘調査例となった東平下遺跡（川南町）や未調査ではあるが、耕作後に現れる遺構の片鱗からうかがえる丸山西原遺跡など、周辺に存在が知られている周溝墓などにおいても同様である。また、方形基調より円形基調の周溝墓が優越している点も重要である。後期後半～布留式古相、中心は庄内式に併行する時期、周溝墓一九基を含み、全体では一九五基の土壙墓等が検出された。二〇メートル級が三基、一五メートル級が七基、九メートル前後級が九基、鉄器が九一点、鉄鏃が七二点、周溝墓からは素環頭太刀・鉄剣が出土している。

西都原古墳群の立地する台地上で、現在までのところ周溝墓の存在は知られていないが、櫛描波状文をもつ壺形土器片を出土した無号墳などは、周溝墓あるいは墳丘墓など、古墳定型化の前史をなすものであり、八一号墳は、この終末に接続すると考えられる。

柳沢一男は、二〇〇〇（平成十二）年から檍（おおき）一号墳（宮崎市・未指定）の墳形確認と埋葬施設の発掘調査を行っている。規模は、墳長五一メートル、後円部径三六メートル、高さ四・五メートル、前方部前面幅二四メートル・くびれ部幅一五メートル、長さ一七メートル、高さ二メートルと計測されている。後円部は正円をなさず、段築・葺石は見られない。柳沢によれば、墳形は「纒向（まきむく）型」、埋葬主体部は木槨でその大きさは、幅四・五メートル、長さ七・五メートル、高さ一・五メートルとしている。日向灘に平行して形成された、砂丘列のいちばん内陸部、標高九メートルの第一砂丘南端に築造されている。

列島弧内での木槨の確実な例は、楯築（たてつき）墳丘墓（岡山県総社市）・西谷三号墳（島根県出雲市）、それに新しい例ではホケノ山古墳（奈良県桜井市）が知られている。双方円形墳丘墓・四隅突出墓・前方後円墳と墳形は多様である。前方後円墳の埋葬主体部である竪穴式石室へと定型化するまでの間、木槨は弥生時代から古墳時代の初頭にかけて列島内の多様な在地性のなかにも受け入れられたと見られる。

砂丘上に築造された墳丘の本来的な形状を正確に把握することもむずかしく、かつ木槨墓と判断されたが、木槨の検出も砂丘中の砂層の濃淡を根拠に判断するほかなく、その判断はむずかしく慎重な検討が必要である。また、年代を決定づけるには、検出された四片の高坏・壺の土師器細片も心許ない。布留式の古相（一～二式）と判断されているが、現在のところこれを南九州最古の前方後円墳とはみなし得ない。また、従来から四世紀前半の古墳としてきた下屋敷一号墳（新富町）も、地山成形の墳丘は前方後円形を呈するが、木棺直葬や副葬品などから定型的な最古の前方後円墳とみなすこともできない。ついで、三味線の撥のように前方部が開く前方後円墳は、箸墓（奈良県桜井市）を典型とし、定型化した前方後円墳のなかで最も古く位置づけられ、県内における前方後円墳の編年においても、この種の前方後円墳の確定が一つの焦点であった。「首長墓の系譜」を共同研究するなかで、私と長津宗重も西都原古墳群においてその可能性を秘める古墳の存在を囁きあっていたが、当時まだ積極的にそれを支持する資料をもちあわせていなかった。しかし、こうして史資料が蓄積されるなかで、南九州における古墳築造が、三世紀代へとさかのぼりうるか否か、八一号墳の調査の進展が鍵となるであろう。

木棺を埋葬主体部とする伝統を基本としながら、周溝墓・木槨墓・竪穴式石室という列島弧的な変遷は、南九州においては在地化した要素をおのおの時期に現しながら変遷していった。西都原古墳群において確認される柄鏡形前方後円墳の埋葬主体部も、人頭大前後の川原石で被覆し、粘土で槨を形づくるその内部は、明瞭な割竹形木棺ではなく、せいぜい簡略化した割竹形の半裁状の棺を採用するものであったと見られる。また、持田中尾遺跡の円墳（高鍋町）は、朱層がU字形に認められ割竹形木棺を埋葬主体部としたと判断されるが、それは両小口を粘土塊で固める程度の簡素な構造で、石などで石槨等を形づくることをせず、いわば木棺直葬というべきものであった。こうした在地化の傾向は、後の横穴式石室や横穴墓の採用に際しても、横穴式石室の普及度の低さ＝横穴式石室を彷彿とさせる長大な地下式横穴墓、横穴墓の普及の時間差と地域的な限定＝地下式横穴墓との折衷といった関係性から、ここでも列島弧を覆う流れに対して、動かしがたい在地化の大きな基盤がみてとれるのである。

柄鏡形前方後円墳の年代観

今後、発掘調査の進展によって詳細は決せられるであろうが、調査の成果が蓄積されるに従い、逆に様相はよりいっそう複雑になったともいえる。

現在までに継続中ないしは断片的な調査成果も

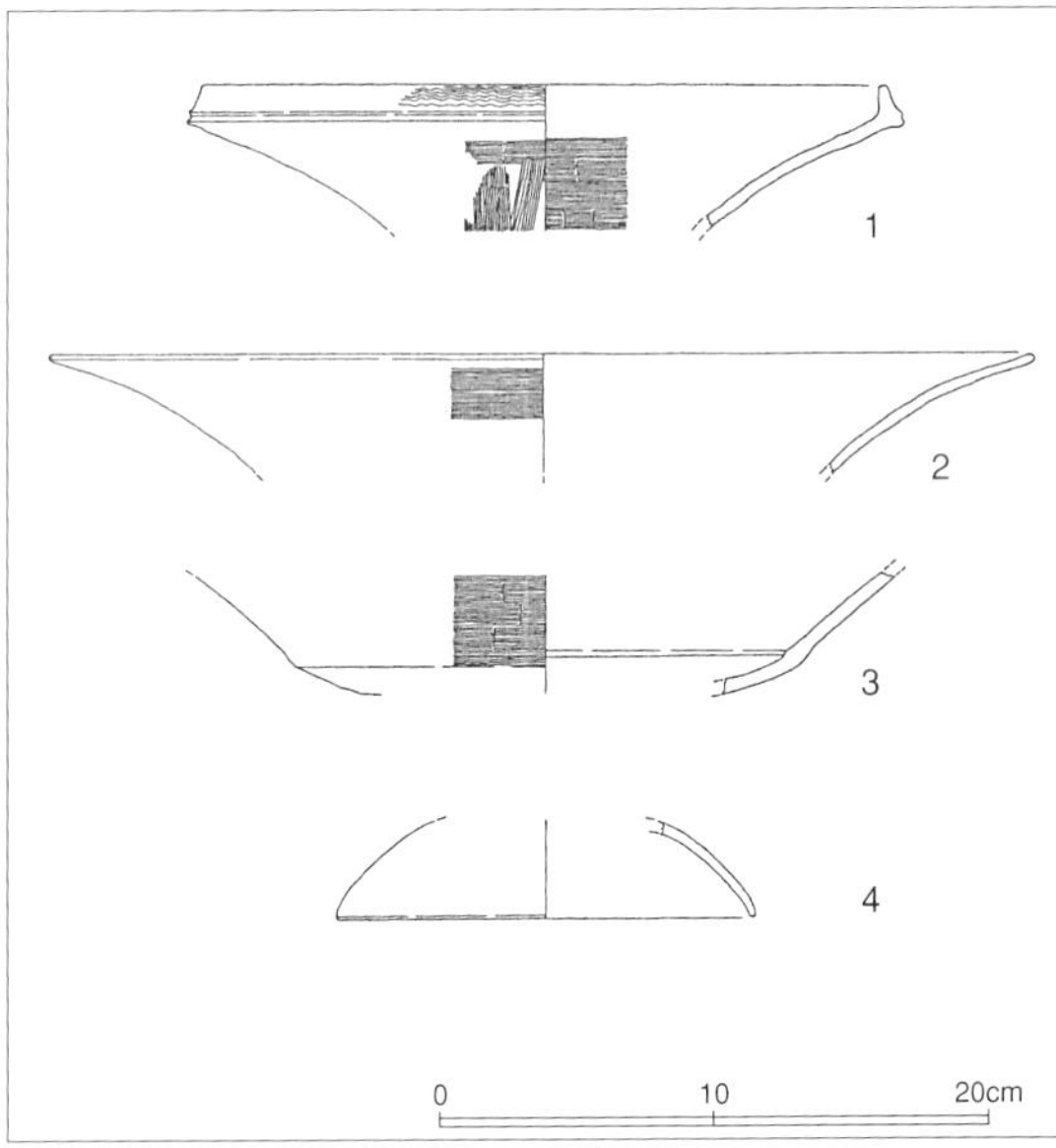

図52　81号墳出土土器実測図（1：壺　2～4：高坏）

含めて、一三号墳・四六号墳・八一号墳・一〇〇号墳・一七三号墳において土師器の出土が確認されている。これによって柄鏡形前方後円墳の築造順序を考察しうる史資料を得ることができた。しかし、とはいえまだ五基程度のおぼろげな様相がうかがわれたにすぎず、また南九州での古墳時代の土器編年が、とくに弥生土器から古式土師器にかけての転換期を中心に、在地性の強弱の現れる土器群といわゆる畿内系の庄内式・布留式との併行関係の整理が十分とはいえず、土器編年はまだ揺れ動いているといった方がよい。

八一号墳の壺や高坏にみられる特徴は、壺では櫛描波状文を施す二重口縁、高坏ではエンタシス状の脚柱や半円球状を呈する脚裾部などに顕著に現れており、一三号墳・一〇〇号墳に先行する時期の所産と判断される。一三号墳と一〇〇号墳の先後関係については、二つの見解がある。出土量が両者では異なり、一三号墳は墳頂縁辺に一定間隔で配置されていた可能性がある。それに対して、一〇〇号墳では墳頂平坦面の中心に集中して配置されていた。したがって、一三号墳では土器の多様性がみられ、一〇〇号墳は高坏にみるかぎり斉一的な器形で占められている。一三号墳の壺形土器の複合口縁は、まだ古い様相を保っていると見られるし、高坏は高低両方の脚部があり、坏部も深く立ち上がるものと浅いものが確認されている。それに対して一〇〇号墳では、長頸壺とタタキ目を残すものが確認されているが、高坏が坏上部を欠いた坏底部だけのような浅い坏部に低い脚部をもち特徴的な形状を示している。

そして、壺形土器の底部穿孔の在り方を観察すると、一三号墳では穿孔の断面が「∠」形を呈し、なかには底部中央が薄さわずか一・二ミリで穿孔にまでいたらないものも存在するのに対して、一〇〇号墳では指押さえで概略「∪」形に整えられている。穿孔で底部をつくらない明確な意識を一〇〇号墳に見ることからすれば、技法的には一三号墳→一〇〇号墳への変遷を妥当とする。しかし、これがにわかに時期的な変遷、すなわち時間差を現すものであるのかについては一考を要する。

両者を同系列とみなすのではなく、別系列の支群と考えるとき、次に述べるように墳丘形態においては前方部二段系列と前方部三段系列との二つの系列に分けることができ、また土器の系譜も在地性の強弱などから系統を異にするとみなされないだろうか。

そして、一三号墳は、副葬品の組み合わせのなかで、製三角縁神獣鏡に着目すると一貴山銚子塚より、すなわち四世紀第3四半期よりさかのぼらせることはむずかしい。逆に言えば、第3四半期までに「∠」形の底部穿孔壺形土器が残留すると考えることができる。

一方、第二－B支群のなかでは、前方部のやや発達した一〇九号墳（前方後円墳）を柄鏡形の最

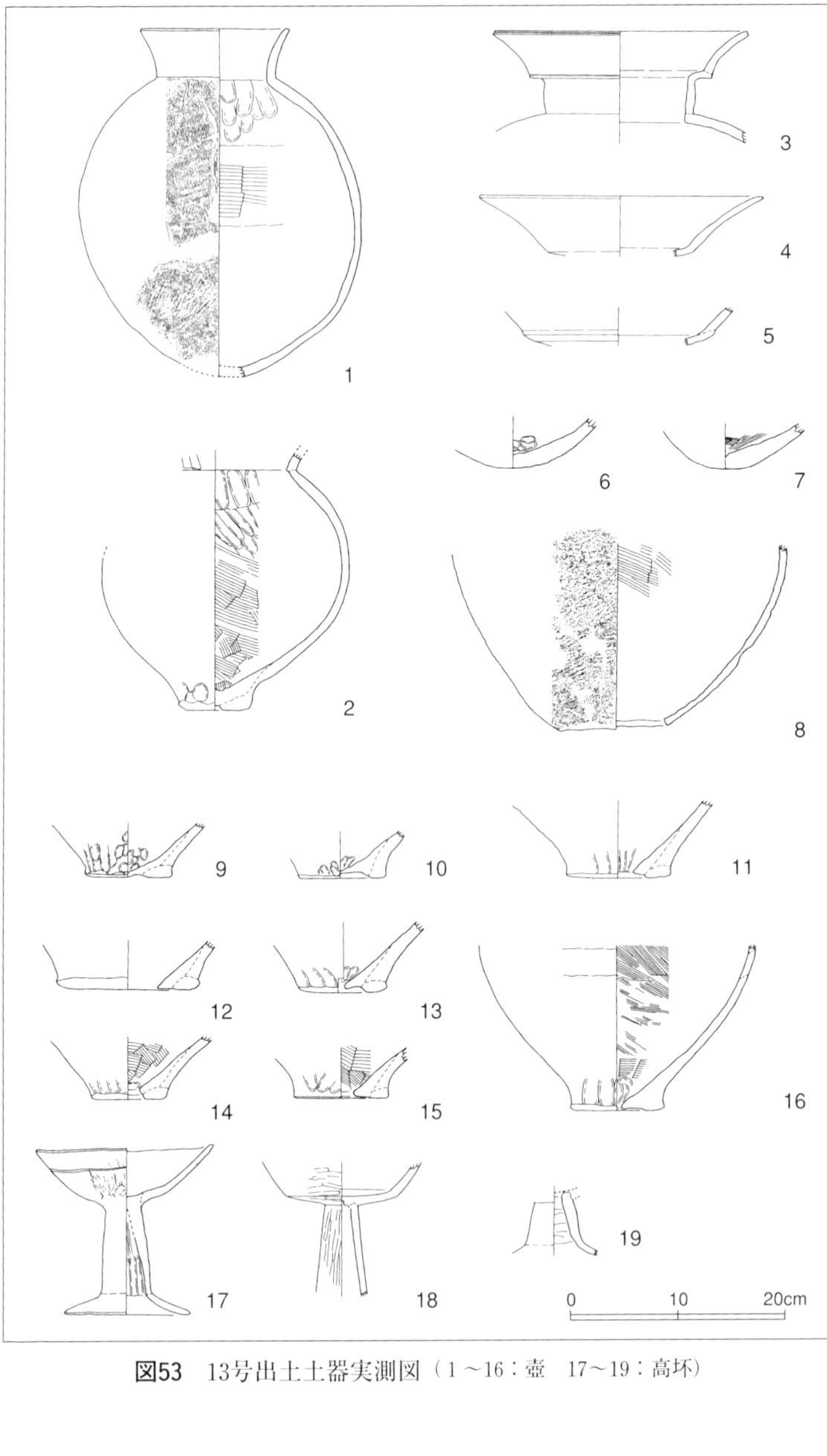

図53 13号出土土器実測図（1～16：壺　17～19：高坏）

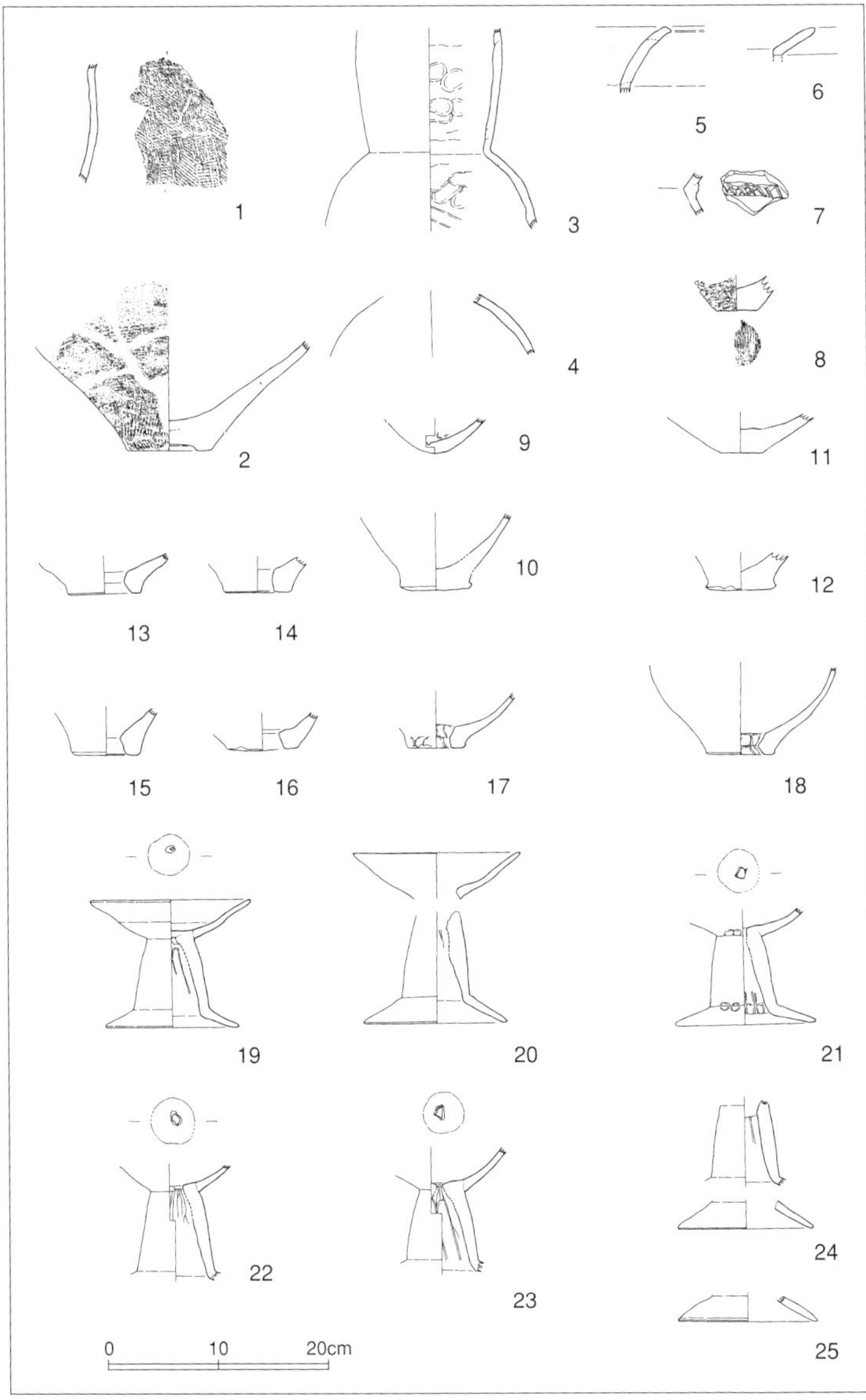

図54　100号出土土器実測図（1～18：壺　19～25：高坏）

終末とし、四世紀第4四半期から五世紀初頭におくと、一〇〇号墳は、第3四半期より下ることはないと考えられ、一三号墳と併行する時期か、それをさかのぼる時期を想定すべきであろう。

こうしたことから、八一号墳については四世紀初頭を前後する時期、一〇〇号墳についてはやはり四世紀前半の位置を現在では与えておいた方がよい。そして、一三号墳は四世紀第3四半期に位置づけておきたい。いずれにしても、各支群とも複数基の前方後円墳が発掘調査され、出土する土師器の編年を整理し、その上で各支群との併行関係を検討する調査研究を継続することが必要である。

なお、先にも触れたように、表面観察からも前方部が低平な柄鏡形の典型とも見える二一二号墳から、家形と推定される埴輪片が表採されており、柄鏡形前方後円墳のなかには、時期的には五世紀第2四半期に下るものが存在することなども考えていた方がよいのかもしれない。

前方部三段と前方部二段の二つの系列

いわゆる柄鏡形前方後円墳を一括して、柳沢一男は前方部頂の高さを三類に分け、後円部高の二分の一以上のa類、二分の一のb類、二分の一以下のc類として、a→b→cへの変遷、つまり前方部の高さが低くなる「逓減化」を考えながら、一方では「前方部頂が高く発達した四六号」が「もっとも後出する可能性がたかい」とするのは矛盾している。肝心なのは、柄鏡形を一括するのではなく、そもそも複数系列を想定する意味は、系列ごとに異なる築造原理が働いていることも考慮に含まれるからである。

前方部三段と前方部二段の二者の存在が明らかになった今、都出比呂志の畿内における前方後円墳の段築成の指摘を踏まえ、段築の斜面比からそ

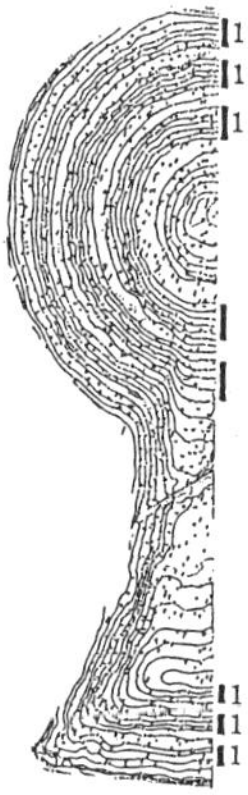

箸墓古墳
（奈良県桜井市）

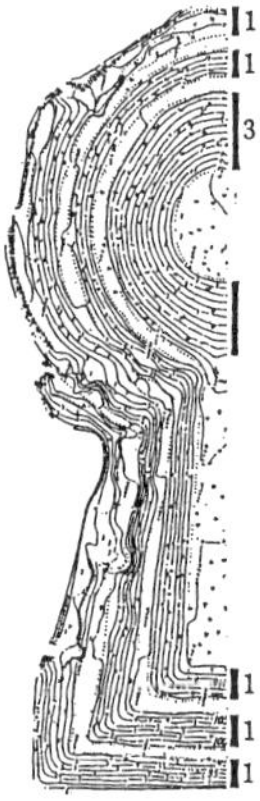

渋谷向山古墳
（伝景行天皇陵・奈良県天理市）

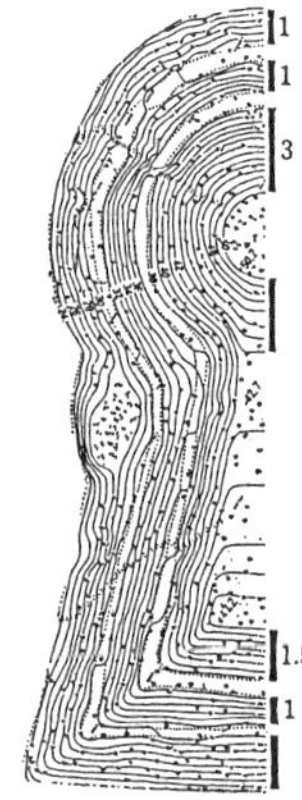

仲津山古墳
（伝仲津媛陵・大阪府藤井寺市）

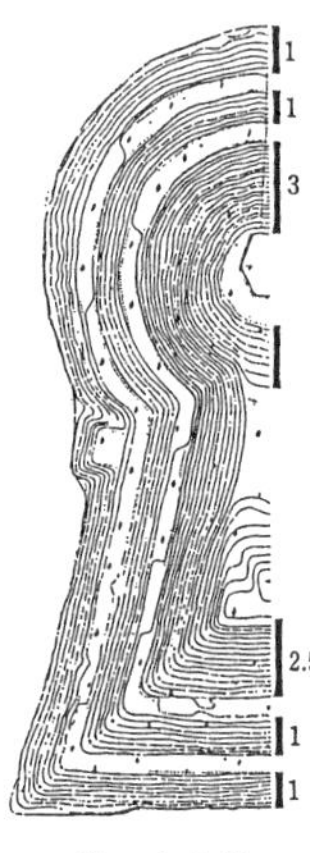

誉田山古墳
（伝応神天皇陵・大阪府羽曳野市）

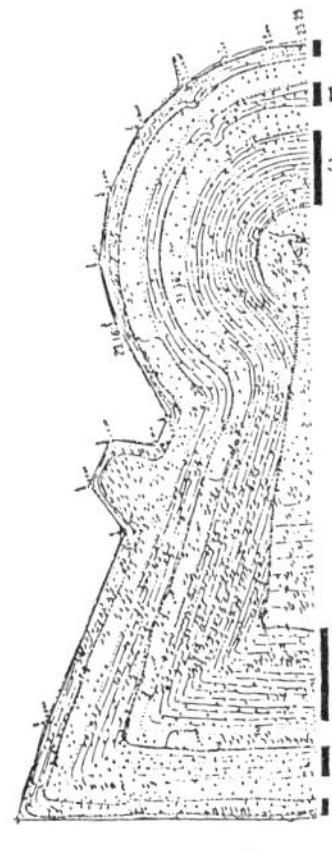

ニサンザイ古墳
（大阪府堺市）

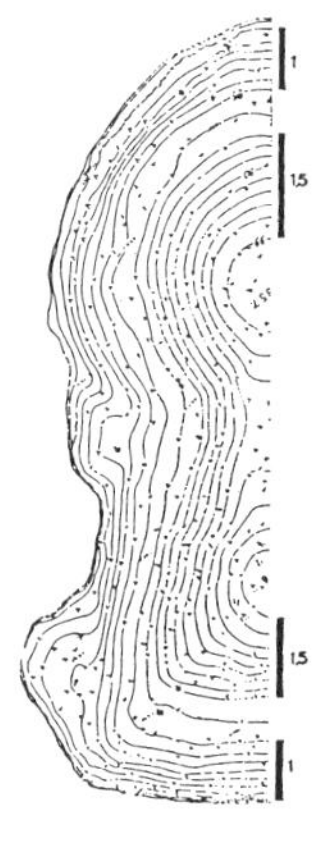

ミサンザイ古墳
（伝宣化天皇陵・奈良県橿原市）

図55　畿内の前方後円墳の段築成

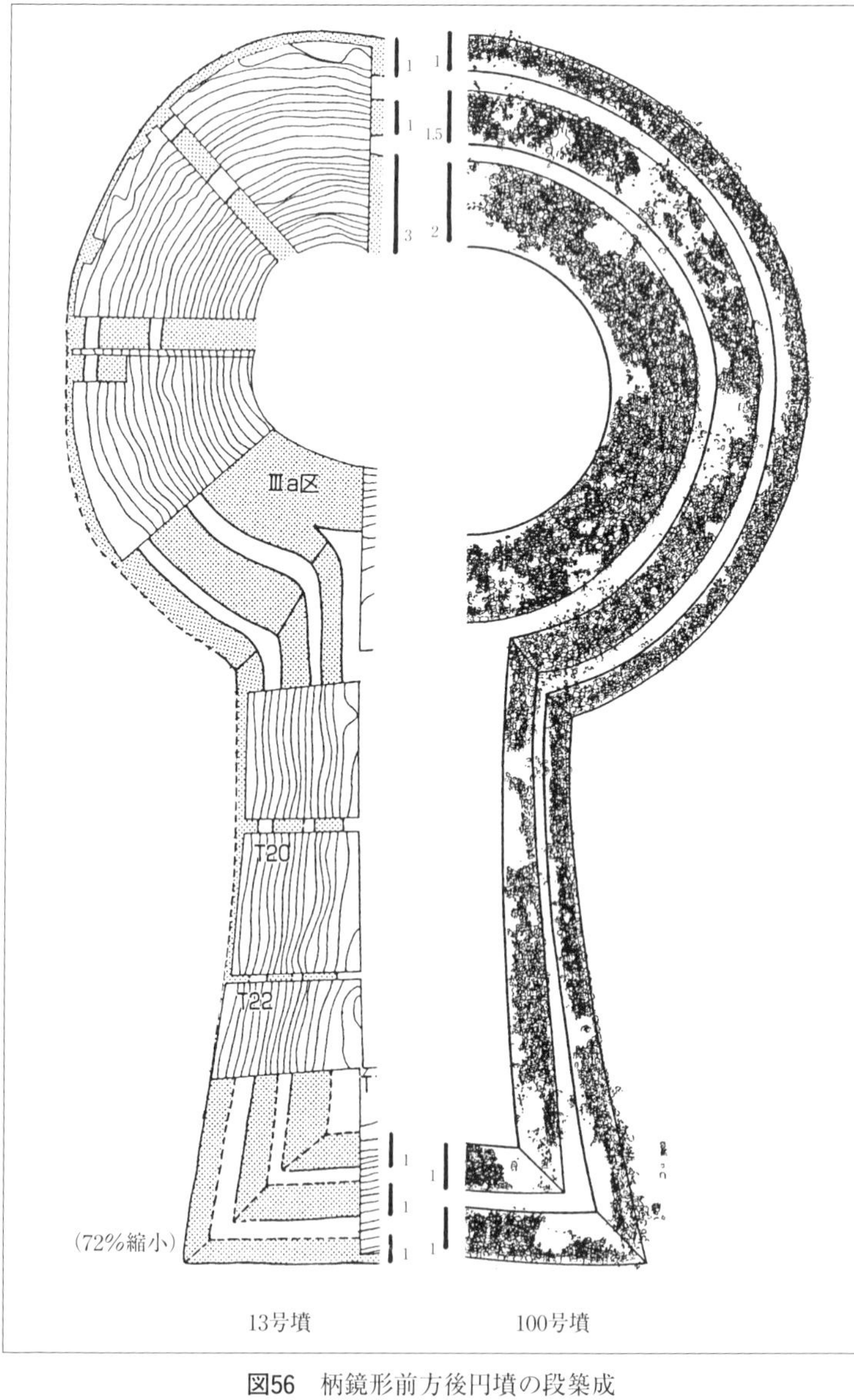

図56　柄鏡形前方後円墳の段築成

れらを検討してみたい。斜面の勾配が緩やかになれば、平面図上に表れる水平距離は長くなるが、勾配が一定の場合は、斜面長と水平距離は比例することになるので平面図からの計測と大きく変わることはない。しかし、現実的には一〇〇号墳にみるように一段目にくらべて二段目の勾配は緩やかになるなど変化がみられるが、極端に変わらなければ、平面図から推定することは可能である。

現在、発掘調査で確認されている両者の段築を確認すると、前方部二段の一〇〇号墳は、前方部の斜面比は一：一で、後円部は一：一・五：二の比率をとる。一方、前方部三段の一三号墳は、前方部は一：一：一で、後円部は一：一：三の斜面比となる。前方部が二段・三段にかかわらず、同率の長さで斜面を形成する点からは、古式の原理が踏襲されていることがわかる。しかし、後円部に着目すれば、一〇〇号墳は三段目が一段目の二倍の長さで斜面を形成するため、総じて低平であることを現している。そして、一三号墳が三倍の長さとなっている点は、時代が新しくなるに従って三段目の斜面長が長く、高さも高くなるという築造企画（規格）の面からは、やはり一三号墳を新しくみなす要素であると考える。

すなわち、一〇〇号墳から導き出される前方部二段の築成原理は、後円部を三段とするものの、三段目は斜面比「二」と短く、低平な墳丘となる。それに対して、一三号墳から導き出される前方部三段の築成原理は、同じく後円部三段とするが、三段目の斜面比は「三」と長く、高い墳丘となる。前方部二段・三段の違いは同時に、後円部三段は共通しているものの、その斜面比の違いをともなうことを確認しておきたい。

支群単位での違い

表面観察だけから、前方部の段築をみきわめることはきわめてむずかしいが、後円部の段築を推定することはある程度可能である。たとえば九五号墳などは、測量図からでも後円部の二段目の平坦面とおぼしき地形変化を読み取ることができる。そして、その平坦面を延長し、前方部の墳頂平坦面が、後円部段築の二段目に連続すると見なせるか否かで、前方部二段築成か否かのおおよそを判断できる。単純化すれば、墳裾部の基底となる根石線が現地表面より周溝なども含めて低くなることを想定しても、くびれ部墳頂平坦面が低平であり比高差において三段が確保しがたいものは前方部二段築成とみなしてもよいし、総じてその後円部墳頂も低平である。

そうした目で、先に示した「支群」ごとに築成の在り方を整理してみると興味ある結果を得ることができる。第一－A支群最大の四六号墳と柄鏡形のなかで最大規模の九〇号墳、一三号墳と同規模の九五号墳を比較しても、それぞれ後者の低平さは明らかである。また、一〇〇号墳を基準にほぼ同規模の一〇九号墳をくらべてみると、前方部前端部の高さが目を引くが、後円部は低平であり、表面観察からも後円部の二段目とおぼしき地形の変化面がそのまま前方部墳頂平坦面につながると見られ、前方部二段築成と判断されるのである。それに対して、一七四号墳は、前方部・後円部とも高く築造されており、前方部・後円部ともに三段築成の可能性を示すものと判断される。

こうして、あらためていわゆる柄鏡形前方後円墳をみると、第一－A支群では一三号墳・四六号墳・七二号墳の三基が前方部三段とみられるが、一号墳・三五号墳・五六号墳は前方部二段の可能性が高い。それに対して、第二－A支群では、まだ明確な段築原理に属さない最古期の八一号墳以外は、すべて前方部二段と判断され、第二－B支

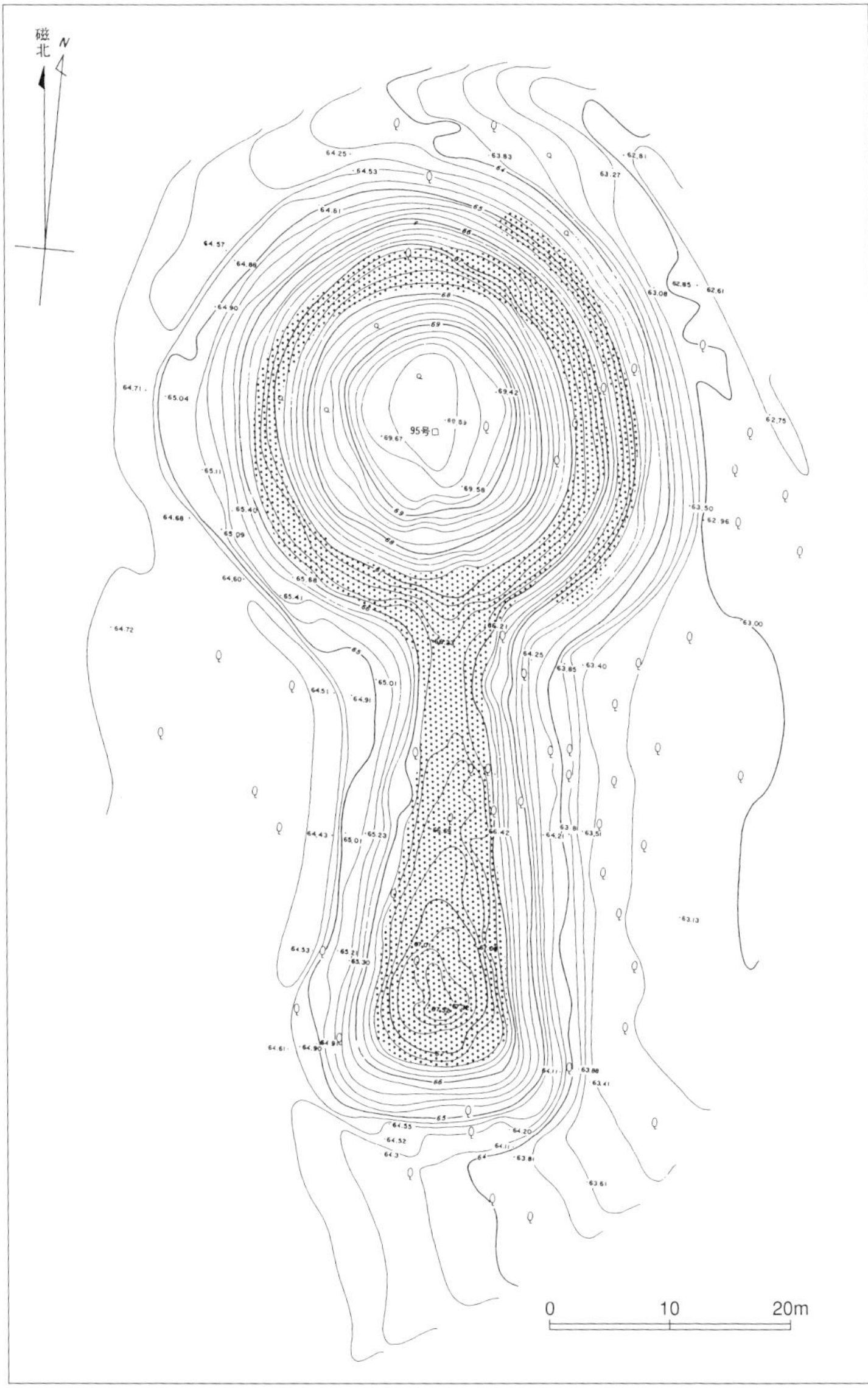

図57　95号墳の現況測量図にみる段築成の推定

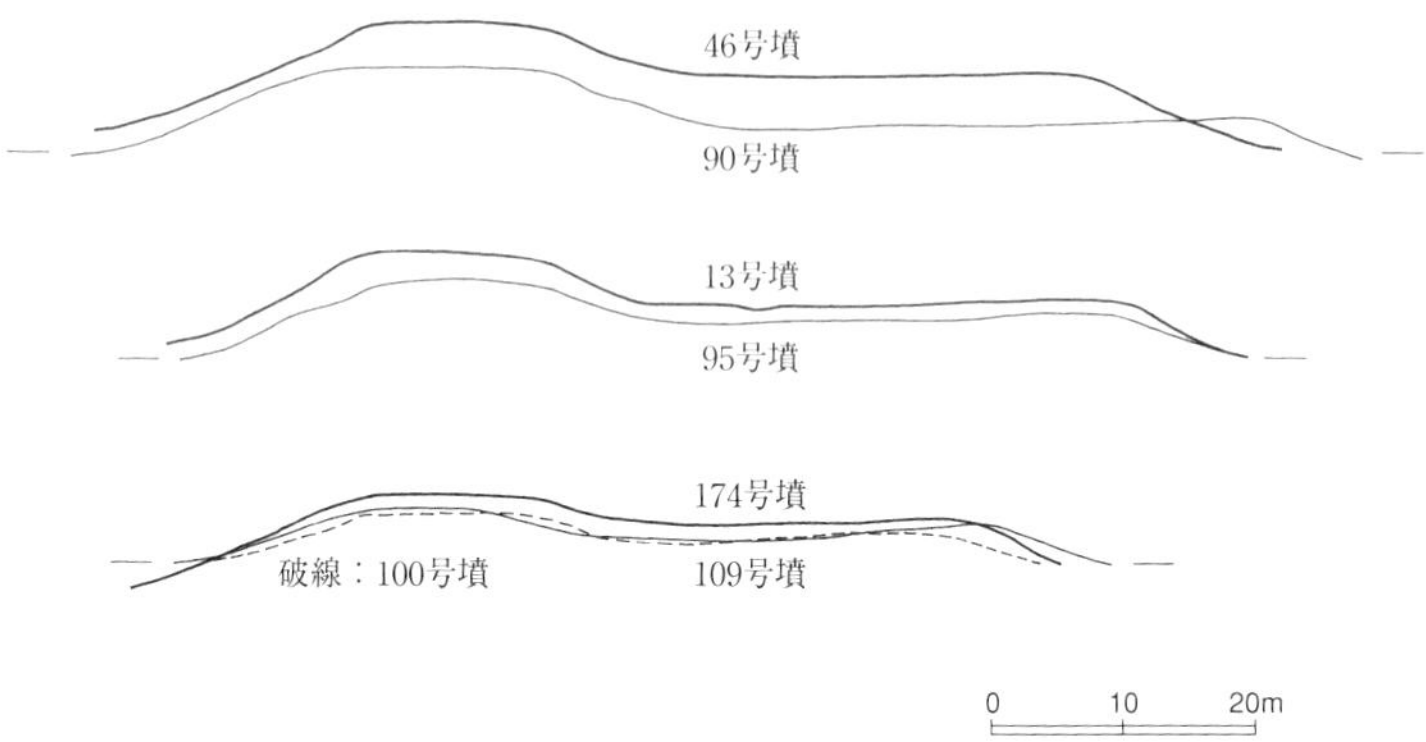

図58　柄鏡形前方後円墳の墳長高比較

表6　西都原古墳群前方後円墳一覧（未調査古墳）

古墳番号	規	模	(m)			備考
	墳長	前方部		後円部		
		幅	高さ	径	高さ	
1	52	25	3.3	31	4.4	柄鏡形
83	84	27	2.7	44	6	〃
88	48	17	1.6	21	3	〃
90	96	31	3.8	51	7.1	〃
91	63	26	2.6	35	4.5	〃
92	54	15	1.9	31	5.2	〃
95	79	25	3.8	42	6.2	〃
99	61	20	1.6	32	3.8	〃
109	70	28	3.2	36	4.1	〃
174	71	27	5.5	46	7.2	〃
176	38	10	1.7	20	2.8	〃
212	51	21	2.1	32	3.7	〃
218	−	−	3.6	−	3.9	−
225	72	20	2.4	38	6.7	柄鏡形
226	48	20	3.4	26	4.8	6世紀
227	47	19	3.3	25	4.8	〃
233	37?	15?	2.6	24?	4.2	柄鏡形
239	56	22	5	28	5.1	6世紀

群もすべて前方部二段と考えられるのである。さらに、寺原第一支群の三基では、一七四号墳のみが前方部三段であり、その他の中間台地に所在する二二五号墳なども含めて、基本的には前方部二段の可能性が高いのである。つまり、墳形の全体像が不明なものを除き、八一号墳を含んで二二基

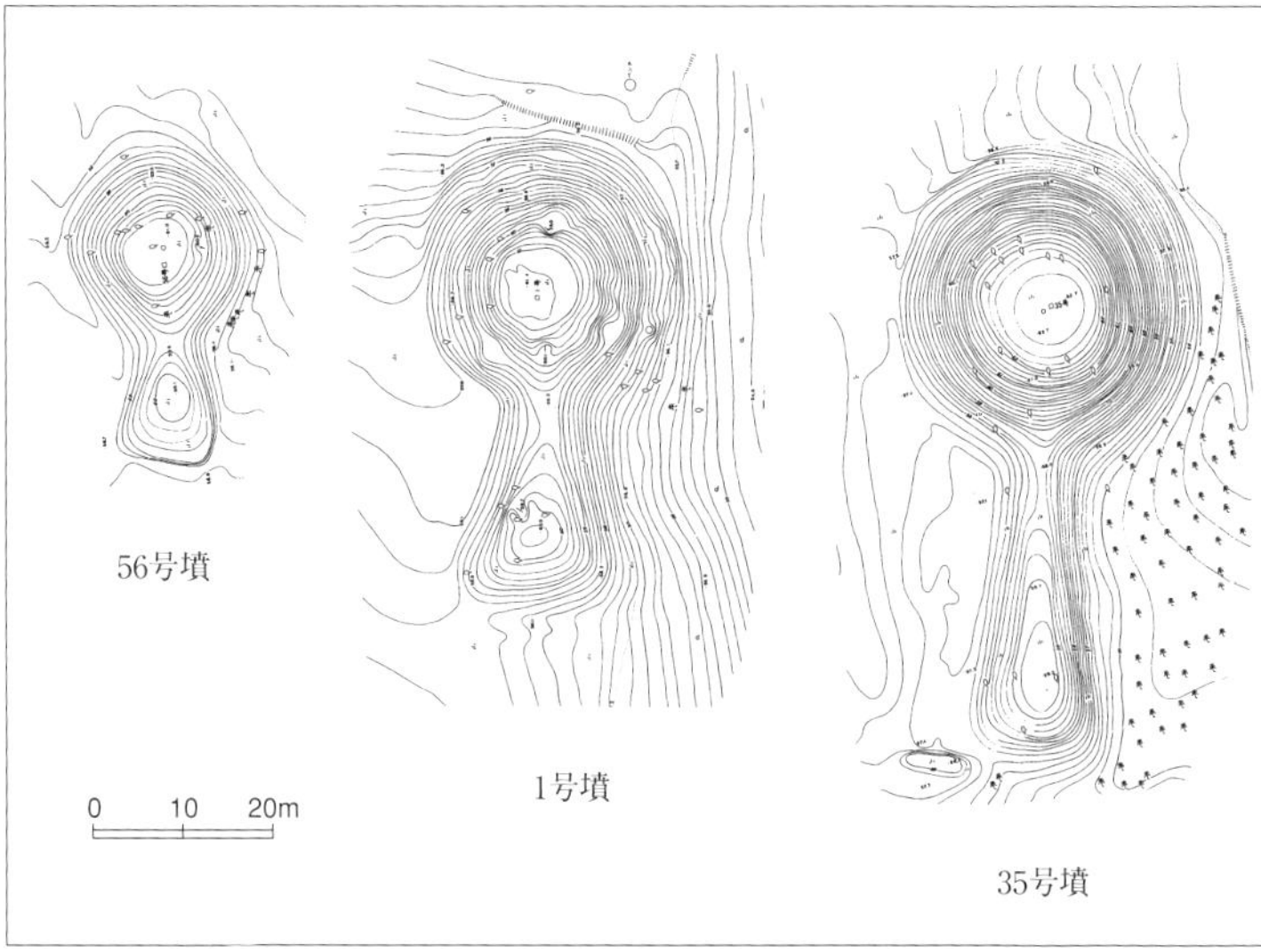

図59　第１－Ａ支群の前方後円墳（前方部二段）

を数える柄鏡形前方後円墳のなかで、前方部三段はわずか四基にすぎず、そのうち三基が第一－Ａ支群に集中するといい換えることができる。

また、四六号墳や一七四号墳の前方部三段・後円部三段の前方後円墳は、一三号墳の前方部三段において前方部が発達しており、柄鏡形の範疇から脱している。これらは、女狭穂塚直前の型式として区分するのが適切であろう。

首長墓の序列　前方部・後円部三段の一三号墳と前方部二段の一〇〇号墳とは、基本的に古墳の築造原理をも系列を異にすると考えられる。しかし、同時に墓域を共有することに同祖的意識を見通すことができることから、編年的時間的序列とみるのではなく、首長間ないしは系列間での上位・下位の順位的序列を現すものとみておきたい。前方部二段に対して前方部三段が上位に位置づけられるとすれば、一〇〇号墳の第二

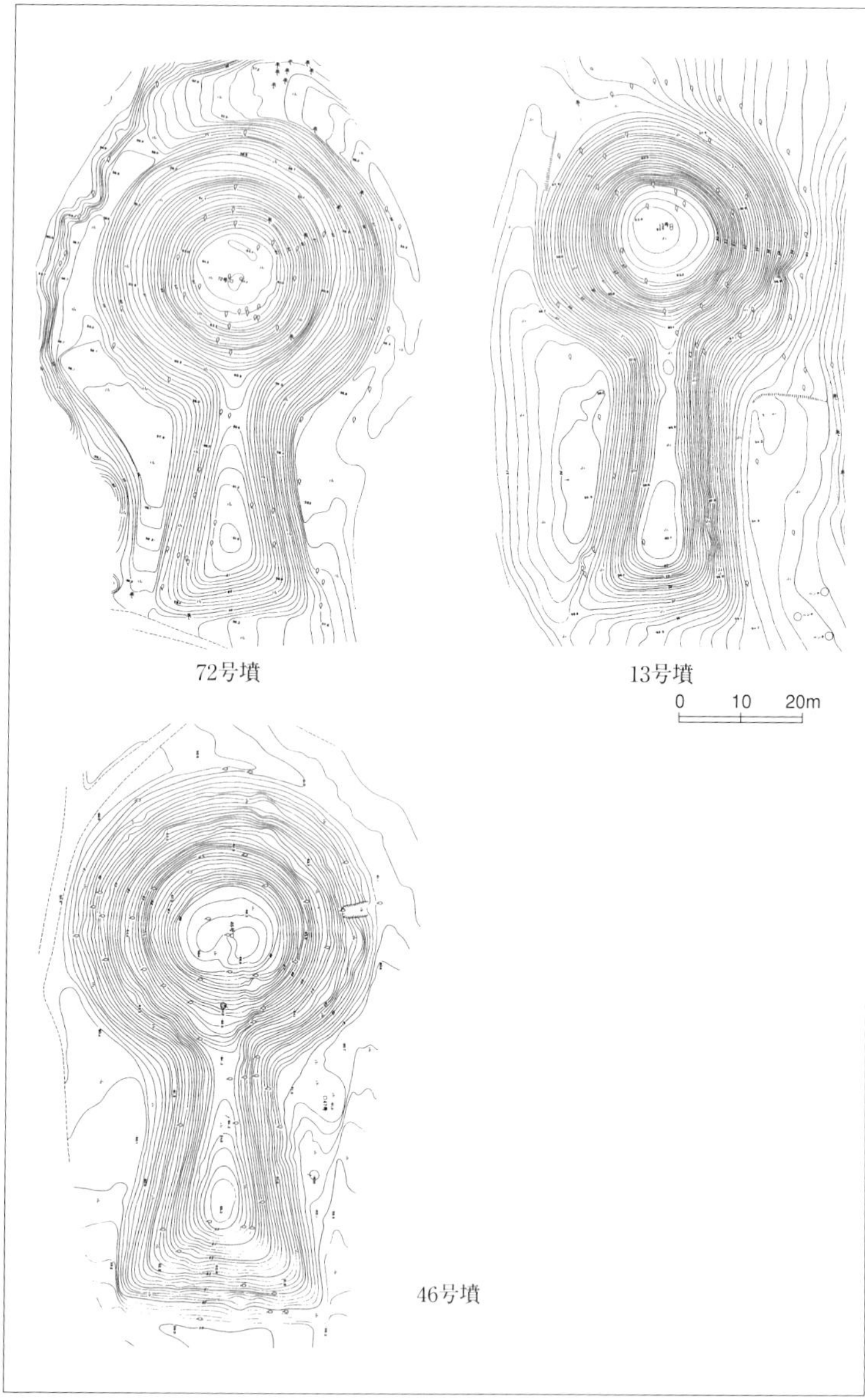

図60　第１－Ａ支群の前方後円墳（前方部三段）

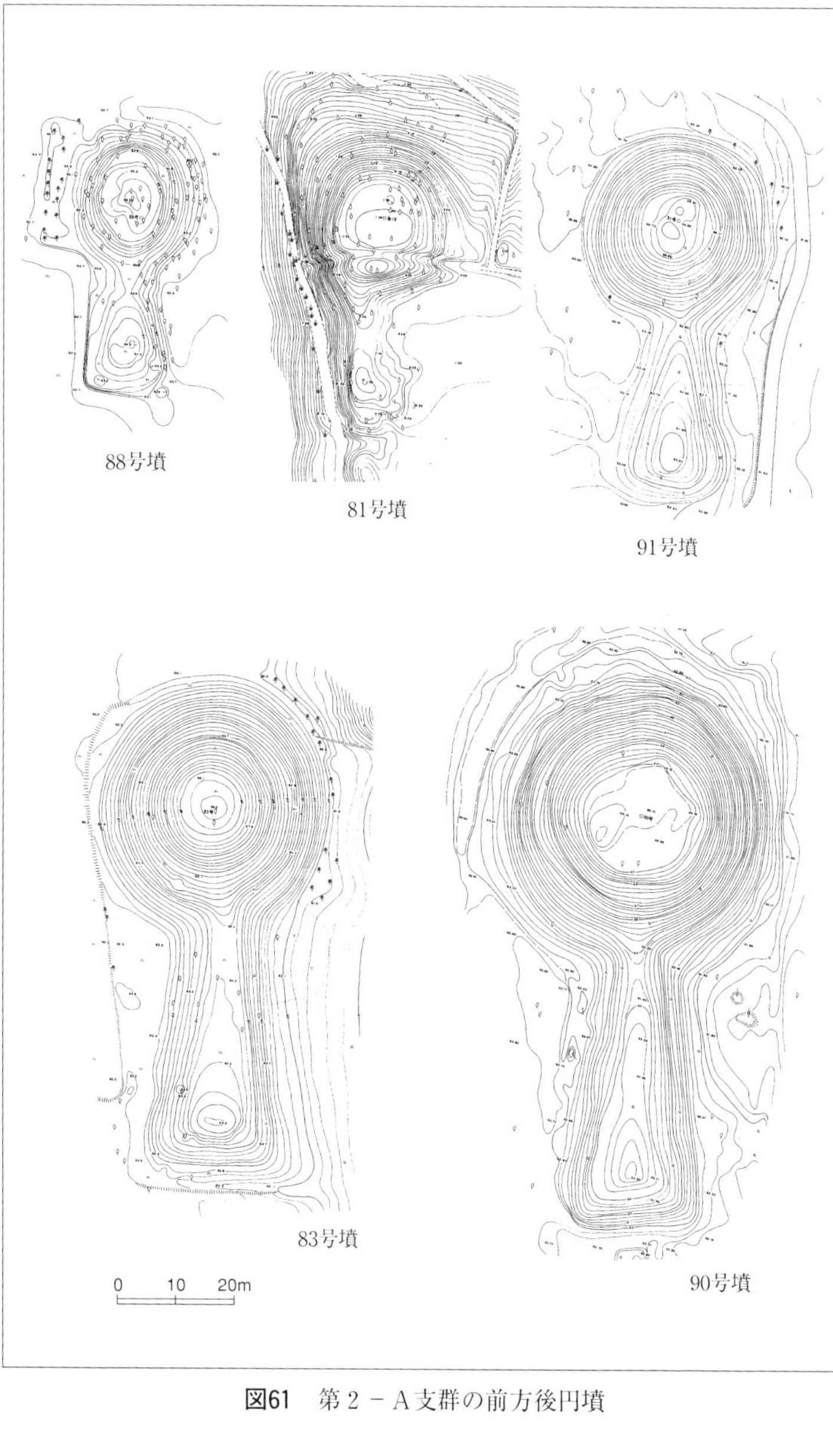

図61 第2－A支群の前方後円墳

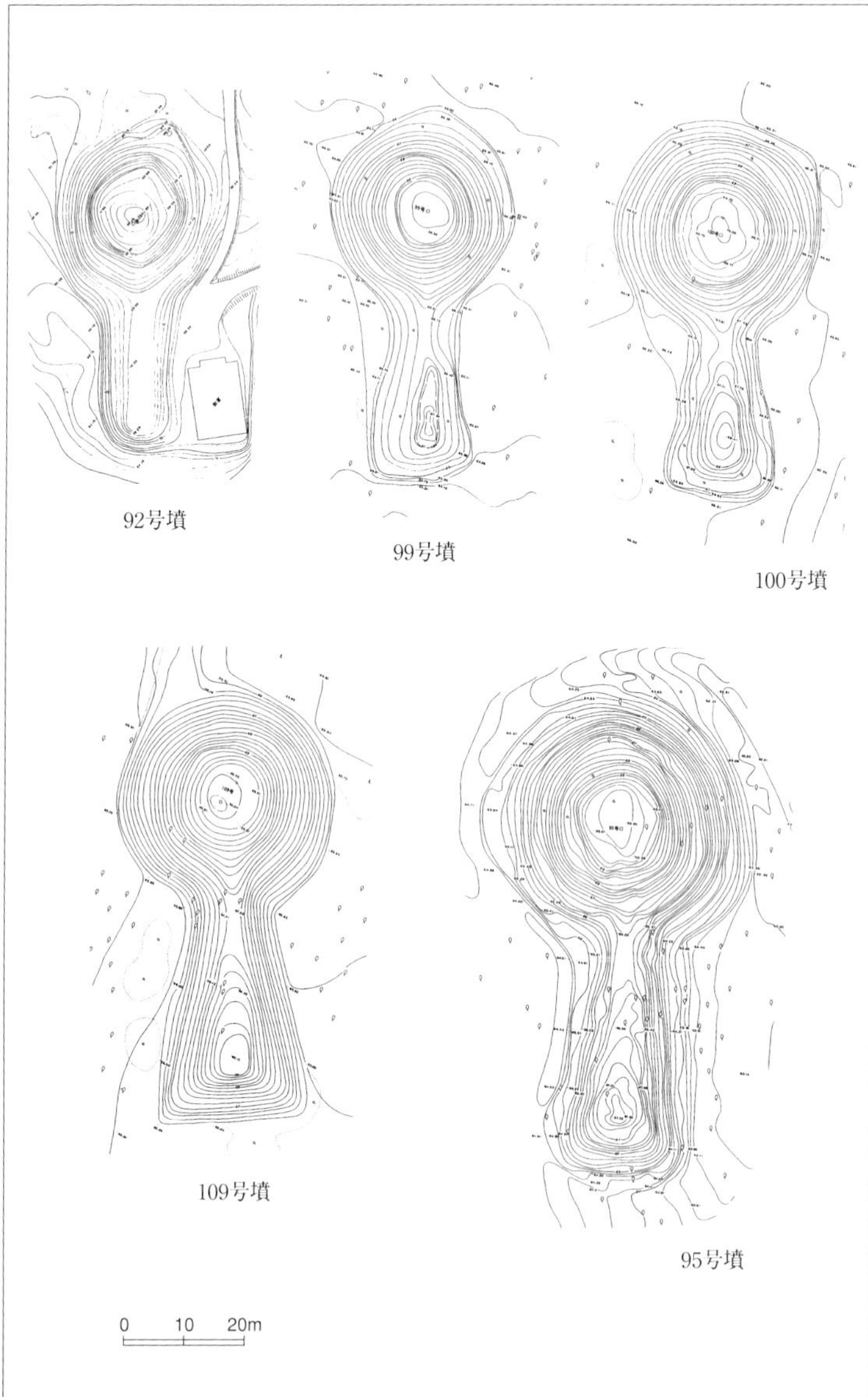

図62　第２－Ｂ支群の前方後円墳

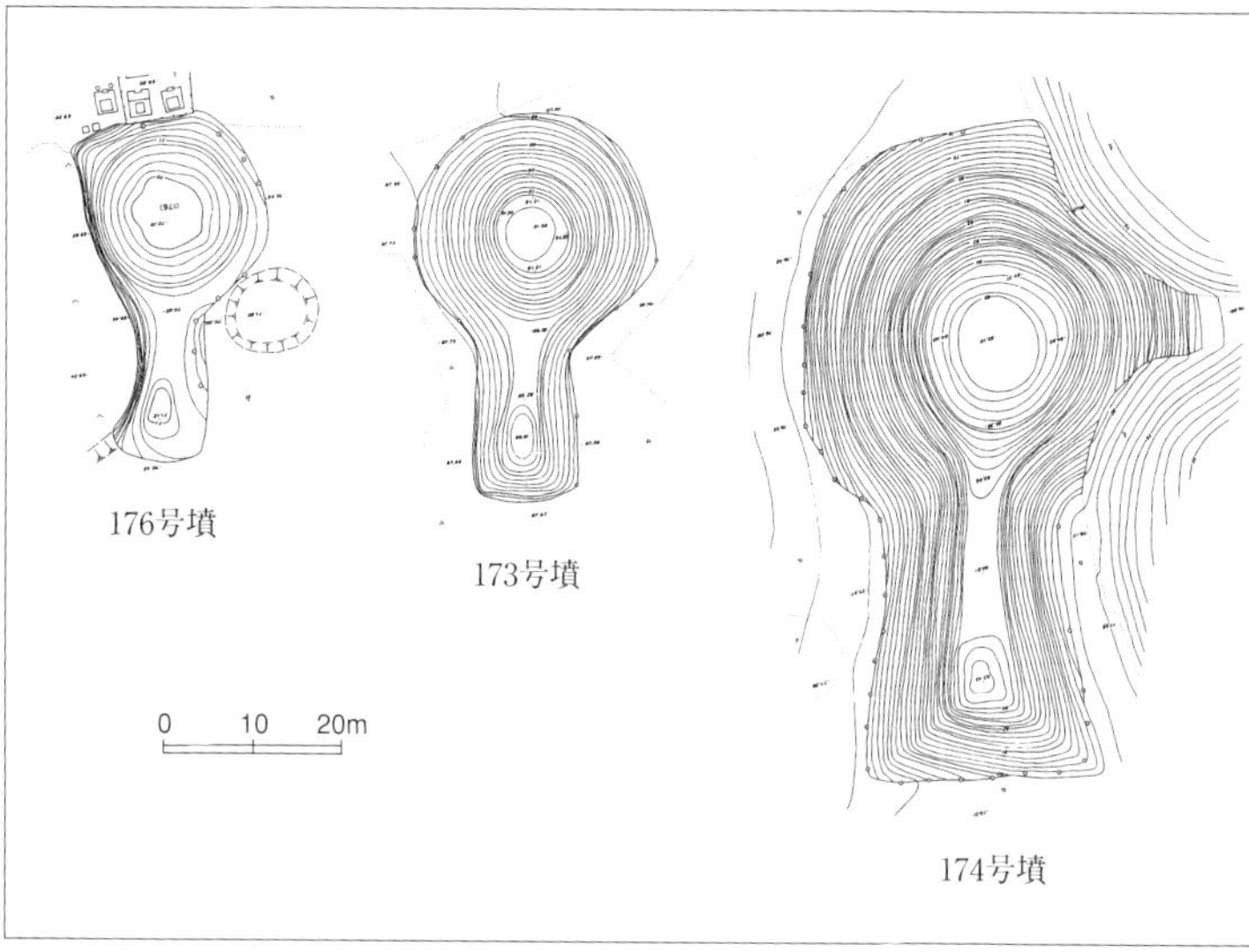

図63　寺原第１支群の前方後円墳

－Ｂ支群に対して、一三号墳の第一－Ａ支群が上位に位置する首長ないしは首長系列とみなすことができる。同様に、各支群間についても同一的な編年的基準でみるのではなく、順位的序列関係を想定すれば、支群のなかでは第一－Ａ支群が上位の位置を占め、柄鏡形のなかでは最大規模である墳長九六メートルを測る九〇号墳を含め第二－Ａ・Ｂ支群は二段築成原理を基本として、下位に位置する系列であったと想定できる。また、寺原第一支群では、一七四号墳の最終段階で前方部三段を採用し、支群間での序列に変化が生じたとみられる。

そうみることによって、寺原第一・第二支群の五世紀以降の首長墓の廃絶や、第一－Ａ支群、第二－Ａ・Ｂ支群の断絶と、五世紀以降に地下式横穴墓を主体とする円墳群が形成される第三－Ａ・Ｂ支群の成立や、六世紀代での第一－Ｂ支群の成立といった動向、あるいは尾筋支群において五世

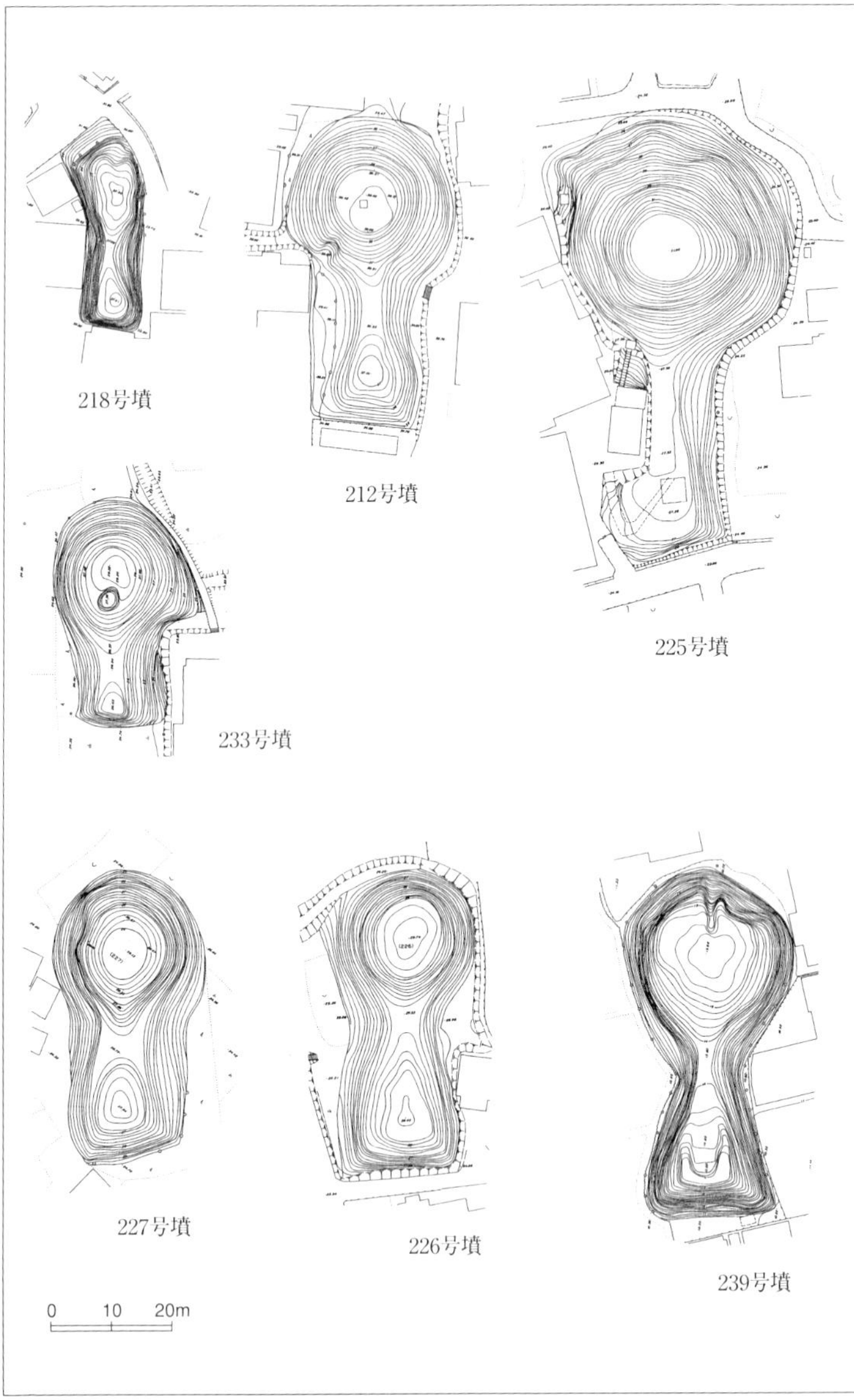

図64　尾筋・鳥子支群の前方後円墳

紀以降も前方後円墳の築造が継続される現象や、地下式横穴墓を主体とする円墳群が散在する堂ヶ嶋支群の在り方などが、躍動的に浮かび上がってくると思われる。

男狭穂塚・女狭穂塚の墳形

両古墳の築造企画（規格）について端緒を開いた網干善教は、男狭穂塚を誉田山古墳（伝応神天皇陵、大阪府羽曳野市）の二分の一、女狭穂塚を石津丘古墳（伝履中天皇陵、大阪府堺市）の二分の一などとする見解を発表した。その後、一九九七（平成九）年の測量調査の成果を基に、仲津山古墳（大阪府藤井寺市）と相似形とみる見方が強まった。仲津山古墳の墳長は、約二九〇メートルなので、一七六メートルの女狭穂塚は五分の三に縮小された規模ということになる。前方後円墳としては、列島弧第四八位の規模である。

女狭穂塚は、前方部・後円部ともに三段築成で、造り出しをもつ端正な前方後円墳である。周壕は盾形にめぐり、近年の調査では女狭穂塚の南西に立地する一七一号墳（方墳）に接する形で二重目の外壕が巡ることが確認されている。

また、男狭穂塚は、一三二メートルを計る円丘部だけをとれば、列島弧内第二〇位代の佐紀石塚山古墳（伝成務天皇陵、奈良県奈良市）など陵墓級の前方後円墳に匹敵する。これまで列島弧最大の「帆立貝形」古墳として知られた奈良県乙女山古墳（墳長一三〇メートル、円丘部径一〇四メートル）をしのいで列島弧最大の帆立貝形古墳である。また、造り出しつき円墳の範疇とし、円墳とみなしても、列島弧最大の円墳、さきたま古墳群（埼玉県行田市）に位置する丸墓山（まるはかやま）古墳（一〇五メートル）を遥かに凌駕することはいうまでもない。こうした短い方壇部をもつ古墳を、帆立貝形古墳とよぶか、造り出しつき円墳とよぶか、ここではそのいずれかという

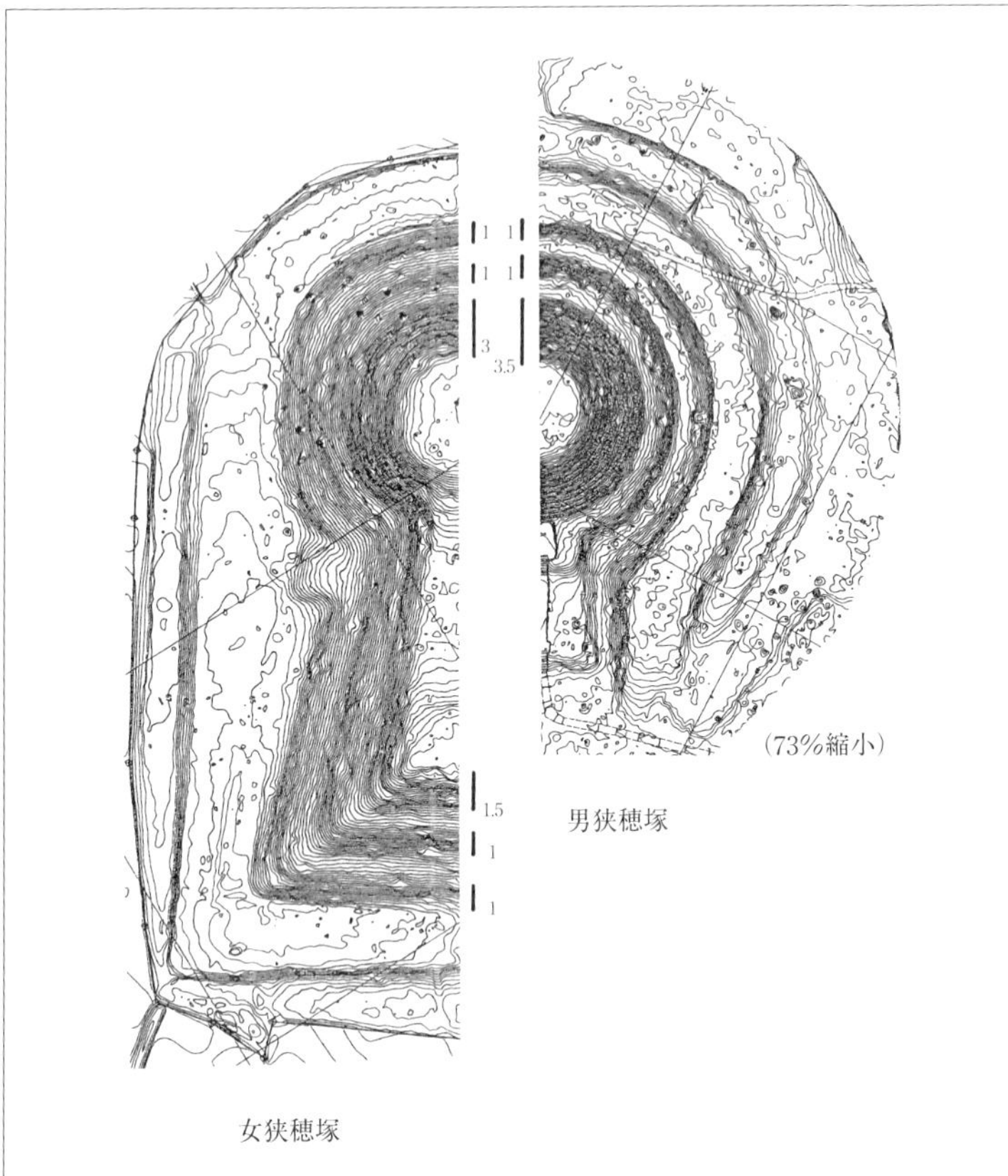

図65　男狭穂塚・女狭穂塚の段築成

論議に深入りすることをしない。いっそ「男狭穂塚型古墳」とでも仮称してもよいが、むやみに煩雑になるので広義の帆立貝形古墳というよび方で論述を進める。

男狭穂塚の墳形については、不整形な「前方部」の解釈が問題であった。古くは、女狭穂塚築造のため、柄鏡形前方後円墳の前方部が破壊されたとする説もあったが、素直に理解されるものではなかった。その後、帆立貝形古墳あるいは造り出しつき円墳との解釈も述べられたが、いずれも積極的な根拠を示すことができず、推測の域を出なかった。一九九七（平成九）の測量調査では、縮尺二五〇分の一で、二〇センチメートルの等高線による詳細な測量図を作成した。従来、宮内庁から提供されてきた一九二六（大正十五）年測量、一九二九（昭和四）年製図の縮尺一〇〇〇分の一、一メートル等高線の測量図からすれば数段の詳細な図面となっている。

これによって、墳形を検証してみる。最も問題となるのは、「前方部」とされる先端部の細い土手状の高まりであるが、その土盛りの状態は不整形で、古墳の墳丘とは異なる印象を与える。地元に伝えられる話によれば、男狭穂塚の「前方部」の付け根部にかつて社（可愛塚神社）が設けられていたといわれる。そのような時期、細い土手状の高まりが盛られたものと考えられ、確証的な記録は残されていないが、測量図および現地の観察からはその蓋然性が高いと思わせるものである。次に、後円部と前方部との接点に目を向けると頂部平坦面の改変は認められるものの、段築の状態などには、経年変化以上の改変は認められない。また、一目瞭然なのは、「方壇部」から円丘部を見て右半分の内壕・周庭帯・外壕の形状は、ほぼ完全な形で築造時を伝えていると観察される。一重目の壕は「方壇部」に添う形で成形され、「方壇部」前面には巡らない。また、同様に周庭帯も後円部に対応して弧をなし、「前方部」に向けて周壕同様、前方部に平行する形で直線的に成形されていることを見ることができる。従来の測量図では、円丘部と方壇部との関係が鮮明でなく、周庭帯の端部の形状と二重目の壕の関係がとらえにくかったが、二段目の築成部の左右に明瞭な屈折がとらえられ、また周庭帯や内・外壕の関係が、詳細な測量図ではその形状をよくとらえている。したがって、右側を左右対称に折り返し左側の形状と理解すると、方壇部左側の破壊された土量と方壇部から延びる土手状の高まりの土量とが同量であるとの推定が成り立つ。

男狭穂塚・女狭穂塚の先後関係

両古墳の先後関係は、現在のところ決しがたいというのが正確な表現であるが、従来言われていたように男狭穂塚が先行するというより、次の観点から後出する可能性が高いように考えている。

女狭穂塚の斜面長比を見ると一：一：三であるが、男狭穂塚は一：一：三・五となり、三段目が長く築成されている。柄鏡形前方後円墳の分析でも述べたように、このことは男狭穂塚の築造企画（規格）に新しい要素を認めることになる。ちなみに、女狭穂塚の前方部は、一：一：一・五の比率となり、先に述べた一三号墳の柄鏡形前方後円墳にくらべて三段目が長くなっている。

ただ、付け加えておくと、相似形の古墳としている仲津山古墳との最大の齟齬がある。それは、現在提供されている仲津山古墳の測量図から判断するかぎり、二段目を一としたとき三段目が一・五の比率をとることは合致するが、前方部第一段目が長く、ほぼ三段目と同じ一・五の比率で斜面が形成されていることである。仲津山古墳のこの前方部第一段目の長さは、他の前方後円墳とくらべても特色ある点である。

史的変遷再論

冒頭に述べたように、複数系列から巨大古墳への統一、その後の前方後円墳の空白と地下式横穴墓群の形成、さらに二基の前方後円墳の再登場から、円墳の鬼の窟古墳で首長墓が終焉するという「あらすじ」を変更する必要は生じていない。

複数系列を、何系列と読み取るかは、かつて台地上に展開する柄鏡形前方後円墳一六基につい

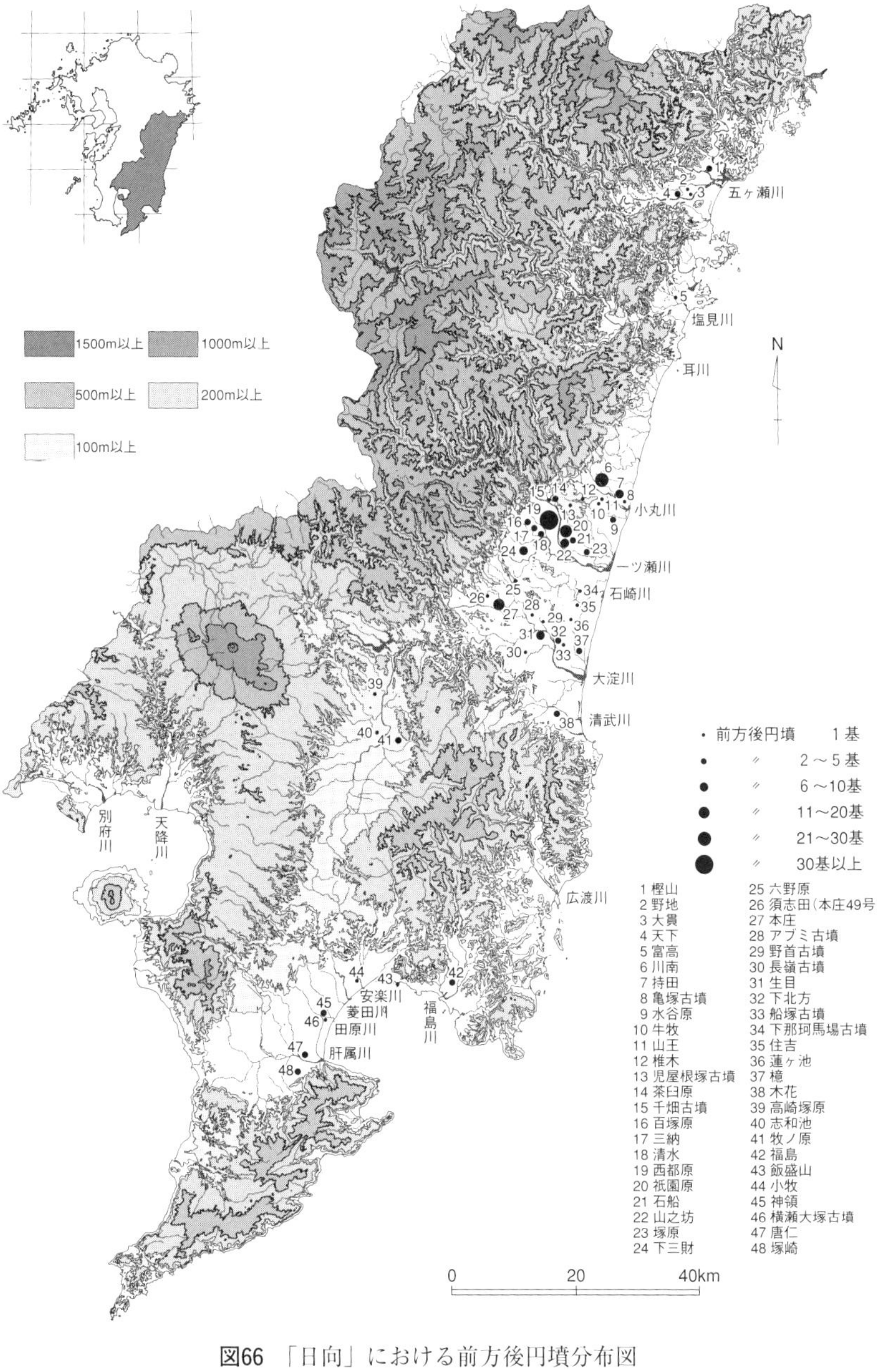

図66　「日向」における前方後円墳分布図

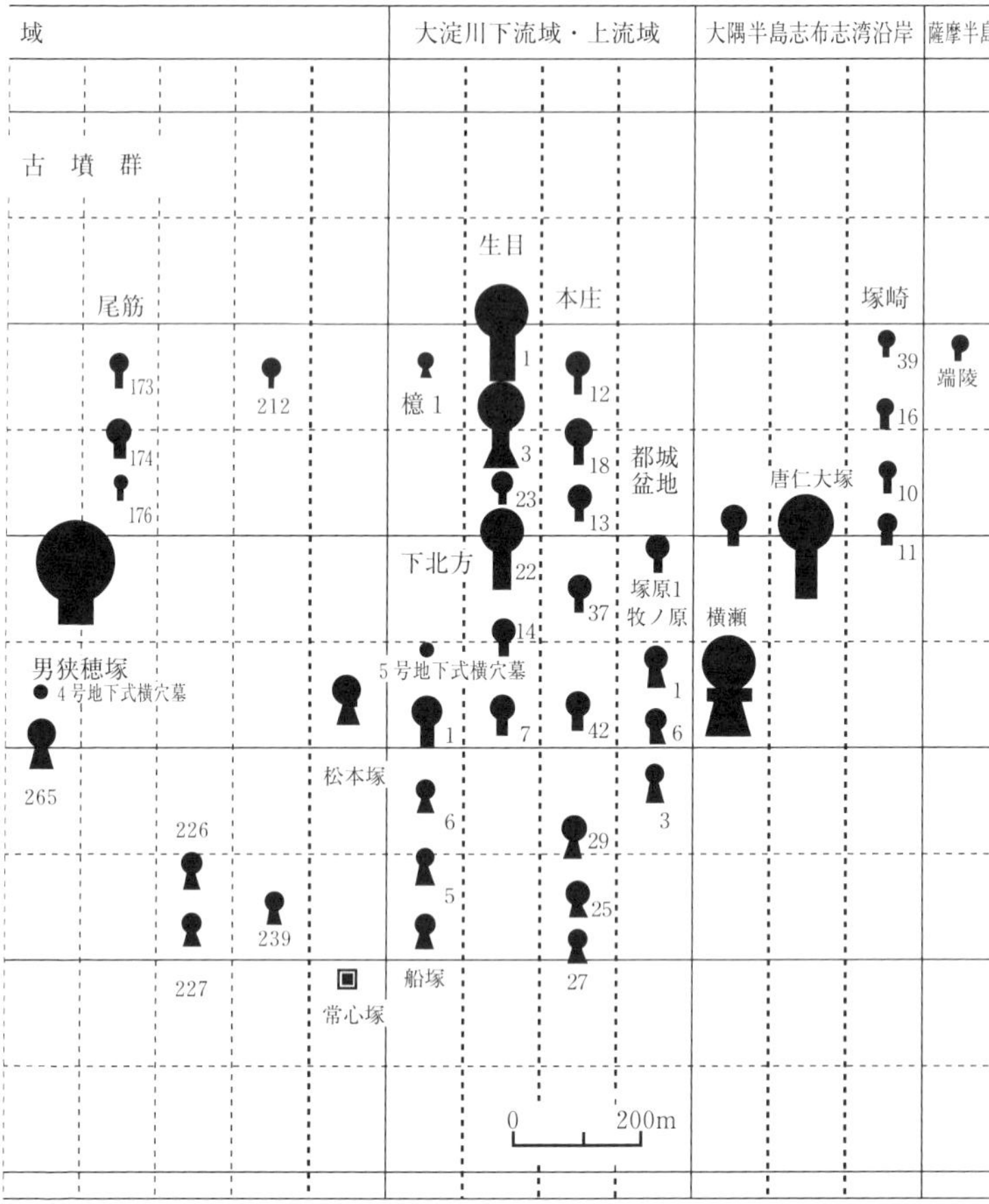

て、当初は単純に四系列程を想定したが、先に述べたように三系列を数えることが妥当であろう。そして、それに周辺「支群」を含めて前方後円墳を複数基含む周辺支群を加えれば、少なくとも五系列の首長墓系譜を抽出できるであろう。

男狭穂塚・女狭穂塚の築造に集中させられた労働力、後に述べるように、それが南九州一円の勢力の結集を背景とするものであったことは疑い得ない。この時期、列島

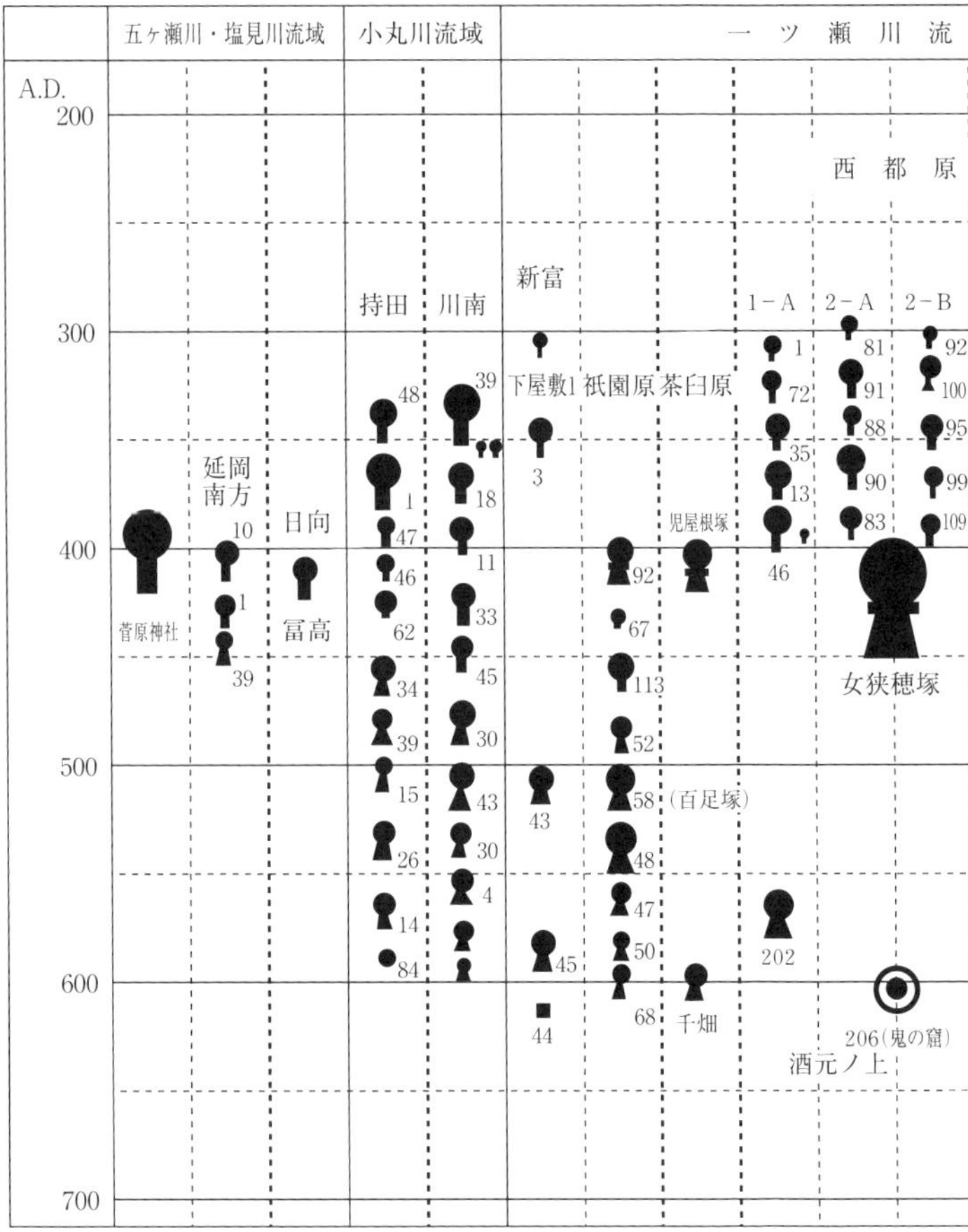

図67　「日向」における首長墓の変遷

弧の広がりのなかでも畿内政権の集中力が高まってくる時期でもあった。しかし、その後の地域の再編は、西都原古墳群から首長墓としての前方後円墳の築造を中断させ、一ツ瀬川の対岸新田原古墳群へと首長墓としての前方後円墳の築造を変えた。しかし、このことと同様重要なのは、代わりに地下式横穴墓が主体的に姿を現しはじめることであり、地下式横穴墓築造主体の社会的・政治的役割を示唆していることである。

その後、二〇二号墳（姫塚）・二六五号墳（船塚）が南北に離れて築造されるが、築造時期については、二六五号墳では須恵器・土師器の副葬がみられず、二〇二号墳で須恵器・土師器類の副葬がみられ、後の鬼の窟古墳などにみる須恵器・土師器の多量副葬へとつながる点で、後出するとみておきたい。また、その築造位置からすれば、築造主体を異にすると考えられる。

そしてついに、前方後円墳の墳形のもつ政治的・社会的意味が失われ、前方後円墳の築造は終止符を打ち、横穴式石室を内部主体とする円墳が築かれる。ただし、近年の調査成果から言えば、蓮ヶ池横穴墓群や池内横穴墓群（宮崎市）において指摘されるように、横穴墓の掘り込まれる細尾根を前方後円形に成形あるいは見立てるという行為に、墳丘意識の継続を認める。同様に、酒元ノ上終末期地下式横穴墓にも円墳状の高まりをともなうものが存在し、痕跡器官としての遺構の存在を教えてくれる。先の「あらすじ」に新たに付け加える新知見があるとすれば、七世紀前半のこの終末期地下式横穴墓の位置づけである。

南九州において横穴式石室の採用は、六世紀後半代に下ると考えられてきた。また、その普及度も低く確実な横穴式石室は、二〇基程度と見積もられている。しかし、二〇〇四（平成十六）年までの発掘調査の成果で、新田原－祇園原古墳群の百足塚（むかで）（前方後円墳、墳長八〇メートル）は、六世紀前半の築造とみられ、人物や動物を含む形象埴輪がまとまって検出されたが、埋葬施設に横穴式石室を採用する可能性が高まり注目されている。なお、埴輪群は、時期的にも近い継体天皇陵の真陵と見なされる今城塚古墳（大阪府高槻市）の埴輪群と共通する構成をもっている。

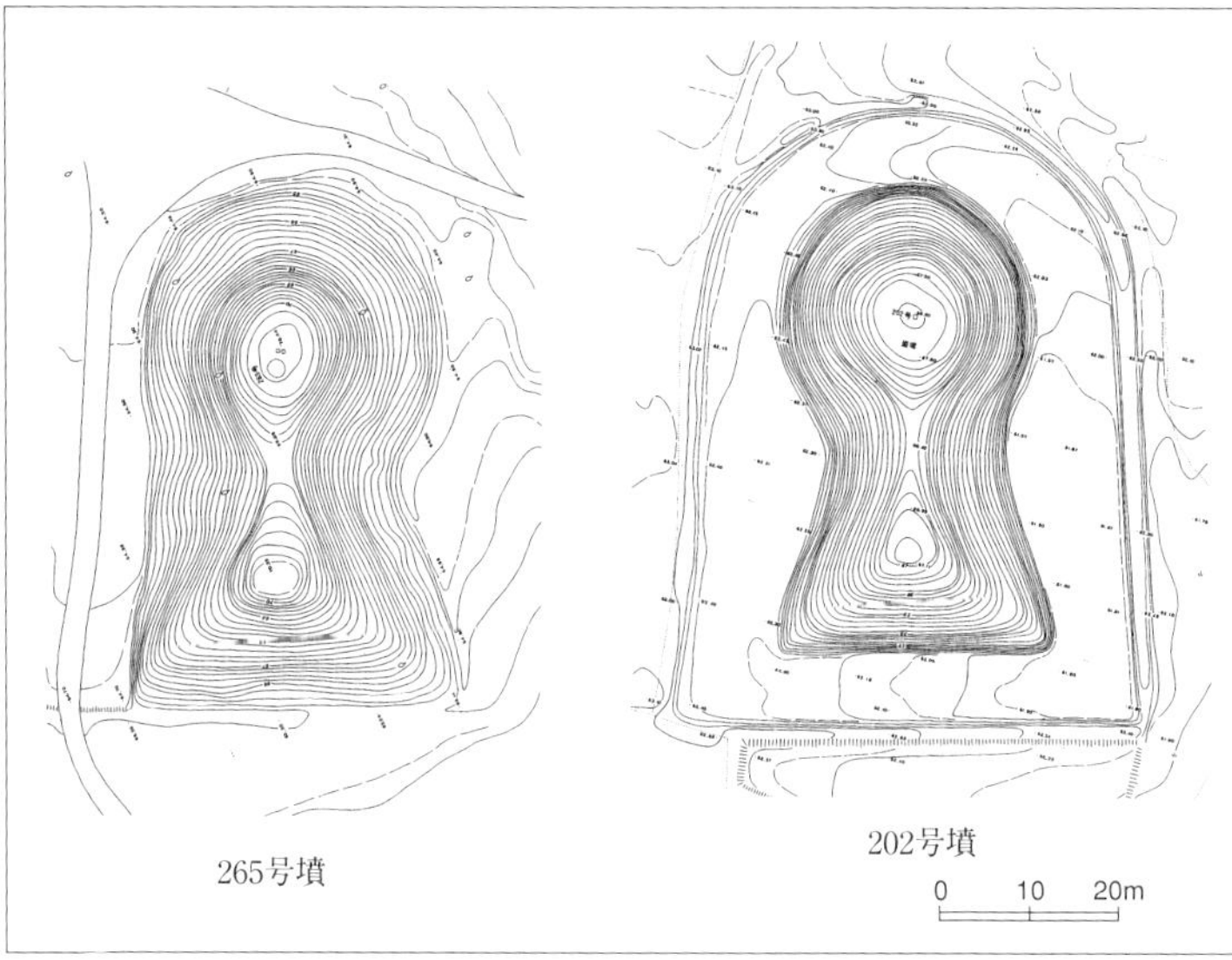

図68　202号墳（姫塚）と265号墳（船塚）

3　古墳築造の主体

古墳築造に必要な人数

埴輪製作などを除いた古墳築造に要した労働力については、建設会社の大林組が列島弧最大の前方後円墳である墳長四八六メートルの大仙古墳（伝仁徳天皇陵、大阪府堺市）を基に割り出した数字がある。それによれば、一日あたり最盛期二〇〇〇人、一日八時間、一月二五日を前提として、一五年八カ月を要し、延べ六八〇万七〇〇〇人を必要とした、と算定している。

かつて、女狭穂塚築造に必要な人数を、大仙古墳の数字を基に、詳細な計算ではないが、その容積を一二分の一程度と勘案して、おおづかみではあるが延べ約五〇万人を必要人数として割り出した。ただ、大林組の前提とは異なり、古墳築造を組織力の維持と雇用対策としてとらえ、年間の動員日数を、農閑期を中心とした年間二〇〇日の日数を考え、一日の動員人数を常時一〇〇〇人とした場合、二年半を要したとする目安を得ることができる。

巨大古墳の築造の背景

では、常時一日一〇〇〇人を動員するということは、実態的な数字といえるのであろうか。

考え方の前提として、宮崎県内での大正時代からの人口変遷を見ると、県都・宮崎市における人口増加がいちじるしいものの、西都市では大正時代とほとんど変わっていない。江戸時代の「江戸」が当時世界的に見ても大都市であったとしても、都市圏への人口集中は現代社会における傾向であり、地域による人口の格差は、時代をさかのぼるほど顕著ではない。したがって、単純に平均値を目安として考えておいても、ここでは大きな不都合はない。

古墳時代の列島弧の推定人口については、奈良時代の郷・戸の数およびその構成人数から五六〇万人と算定し、それに賤民・私民などを加え六〇〇万から七〇〇万人の間とする人口からさかのぼって、現在の福岡県一県を下回る四五〇万人を前後とする数字の考え方がある。これを旧国数、五畿七道の六八カ国で割ると、一国あたりの平均を六万六〇〇〇人程度と見なすことができる。この場合、人口の集中が考えられる近畿地域、北部九州地域などはこの平均値を上回るであろうし、その他の地域では、下回る数字が考えられる。

また、喜田貞吉は『日向国史』（一九一九）のなかで、「日向」の人口として奈良時代初頭に三万二五〇〇人、平安時代初頭では六万三〇〇〇人、末期で一〇万七〇〇〇人と推定している。とすれば、奈良時代初頭ですら、現在の西都市以下の人数しか存在しなかったことになる。ただし、喜田の算定は、奈良時代初頭の五郡二六郷、平安中期の七郡二八郷としたとき、一郷の戸数を五〇戸として、一戸の人数を二・三〇人から百数十人との平均を奈良時代初頭は二五人、平安時代中期は人口増加を勘案して四五人と仮定して、二六郷×五〇戸×二五人として三万二五〇〇人、二八郷×五〇戸×四五人として六万三〇〇〇人という人数を割り出している。

しかし、国郡里制から郷里制へと変動する時代のなかで、郷と里の戸数の関係および里の廃止など詳細には問題はあるが、奈良時代初頭には七一里が存在していたとされることから、一里の戸数を五〇戸として、七一里×五〇戸×二五人から八万八七五〇人を日向国の総人口の目安として計算してみる。ここでは、古墳時代もおおよそ変わりないと仮定して、喜田の算定した三万二五〇〇人と、里数から割り出した八万八七五〇人の平均で六万人程度とすれば、先の全国的な人口から割り出した人口とも、整合性がとれる数字となる。

そこで一国あたり六万六〇〇〇人として、日向国の五郡で割ると一郡あたり一万三二〇〇人という数字が導き出される。この時代の中心地である児湯郡など平野部はこの数字を下限とし、山間部はこの数字を上限と理解しておく。さらに、児湯郡内の八郷で割ると一郷あたりは一六五〇人程度の人口となる。となれば一郷内から供出できる力仕事を中心とした労働力は、おおよそ半数の男性、さらに単純に子供と老人を除けば、四分の一程度の四〇〇人が最盛期・最大限の人数と考えられる。しかし、日常的に「常時」期待できる人数は、二、三〇〇人程度と見積もっておいた方がよいのかもしれない。

このようなおおづかみの人数からでも女狭穂塚

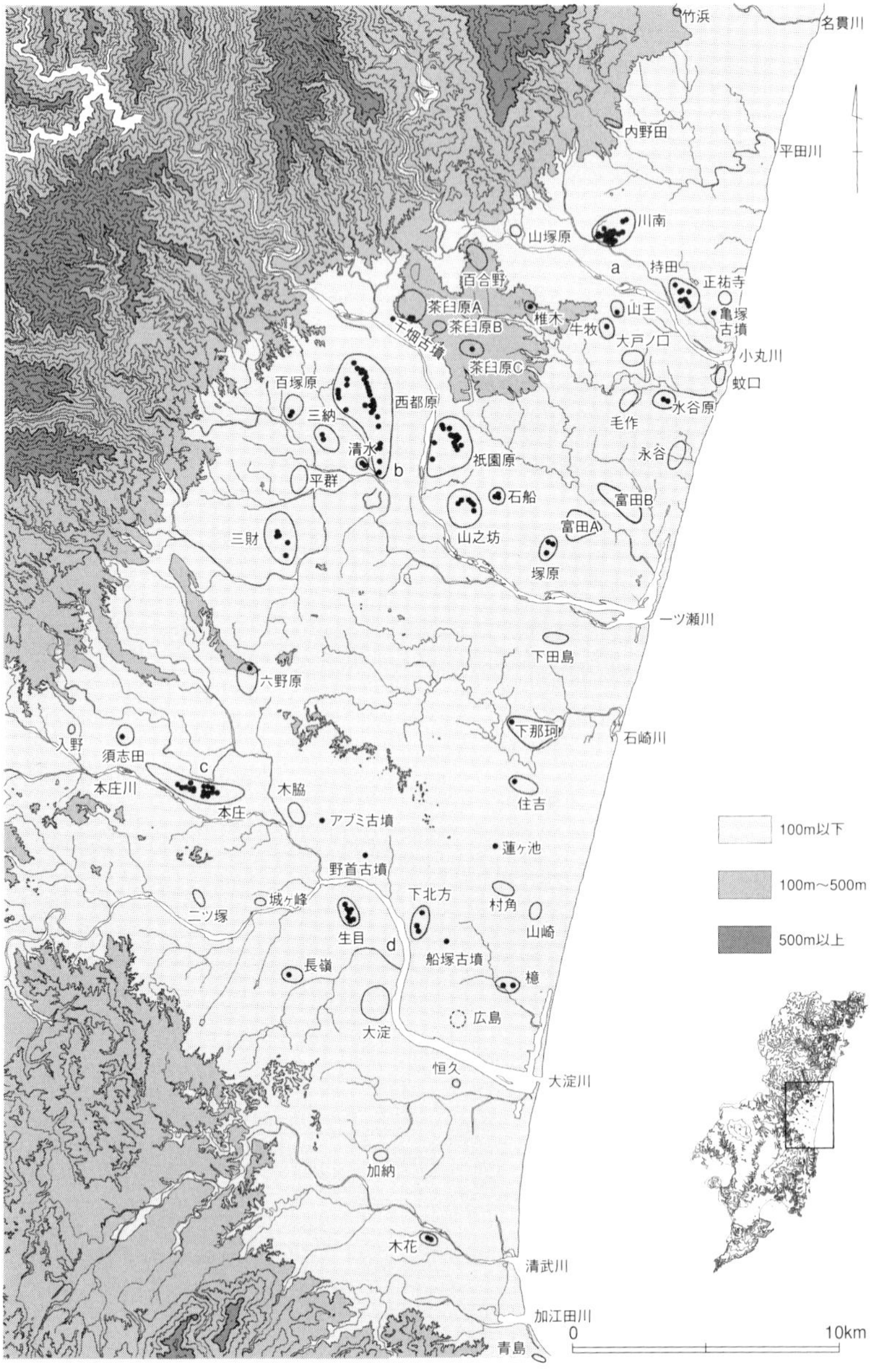

図69　宮崎平野部における古墳分布図

築造の労働力供給源は、一郷だけを基盤とするものではないことが見えてくる。こうしたことから、狭義の範囲を想定したとしても、かり出された労働力の範囲は、少なくとも児湯郡一円から南は現在の宮崎市郡に及ぶ範囲を想定できるだろう。

柄鏡形前方後円墳の築造主体

　また、児湯郡に属する地域のなかで前方後円墳を複数基含む古墳群（ただし、県指定については先述したように一群と扱えないものもあるため「群」と表記しない）は、西都原古墳群（国指定・陵墓参考地）三一基、西都原周辺では清水・西原古墳（県指定）二基、三納古墳（県指定）三基、三財古墳（県指定）五基、川南古墳群（国・県指定）二四基、新田原・祇園原古墳群（国指定）一四基、新田原・山ノ坊古墳群（国指定）六基、持田古墳群（国指定）一一基、茶臼原古墳群（国指定）三基、高鍋古墳（県指定）八基、都農古墳（県指定）三基、木城古墳（県指定）三基である。

　こうしたことから古墳群の築造主体を考えれば、西都原古墳群において最低でも五系列、祇園原古墳群で二・三系列、川南古墳群の前方後円墳の量産は保留して一系列と見なし、他は単純に一系列として一〇系列、あわせて一八〜一九系列程度の単位が、児湯郡内に浮かび上がってくる。これらは、郡の下位単位である里程度の範囲を基盤とするものと見なされ、児湯郡八郷とされることから、一郷が平均二ないし三里で成立していたとする一般論とも整合性がある。

　そこで、一三号墳のような八〇メートル前後の規模をもつ前方後円墳の築造にはどのくらいの人員を要したのであろうか。容積から概算すれば、女狭穂塚のさらに一〇分の一以下と見積もることができる。すなわち、述べ五万人程度の動員で築造することが可能だったとみられる。一日の動員数を二〇〇人とすれば、年間二〇〇日で、一年強の月日を要し、一日五〇〇人とすれば、半年程度で築造することができたであろう。

この人数自体は一郷全体でまかなえるが、四世紀代の古墳築造を複数系列の首長墓と考えるとき、一系列の首長に統括される人員は、当然一郷あたり一六五〇人とする人数を、最小を見積もれば一〇分割程度の人数、一六〇人程度となるであろう。このことから、逆に古墳築造に関しては、動員が首長間の勢力を超えて行われたと見られる。こうした連合・連携が、やがて巨大古墳誕生の基盤を形成するものであったであろう。

ちなみに、地下式横穴墓の造墓に関する動員数を考えると、四号地下式横穴墓のような巨大地下式横穴墓の場合でも、一族あるいは一家族の範囲を超えることはない。墳丘築造については、一族を超えた人手が必要とされたであろうが、地下式横穴墓の掘削は数人で可能であるし、むしろ大人数は足手まといである。

この前方後円墳と地下式横穴墓にみる動員数の違いは、組織・体制を考える上で大きな違いがある。古墳築造が、集中的な組織立てと、系統的な体制を必要とし、あるいはそれを維持・継承する具体的「政策」であったとすれば、ことに内陸部の地下式横穴墓の社会は分散的な集団の存在を知らせているのである。南九州の地域社会を考える上で、「集村型社会」と「散村型社会」の概念が有効であるとするのはこのためでもある。

4　地下式横穴墓の世界

地下式横穴墓の始まり

地下式横穴墓の誕生については、西都原四号地下式横穴墓を典型とする平野部の長大な妻入り型の地下式横穴墓を初現として、内陸部の小規模な平入り型の地下式横穴墓へと変遷するとする見解が主流を占めていた。それに対して、私は、少なくとも内陸部の地下式横穴墓は遅れることなく出現していることを指摘し、平野部から内陸部という方向ではなく、逆に内陸部から平野部への地下式横穴墓の展開を示した。これについては、鉄鏃の編年を根拠とする研究などがみられ始めたが、鉄鏃だけでは根拠の弱さがあり、平野部と内陸部で、前者は玄室内の副葬に土師器・須恵器をもち込み、後者はもち込まないといった副葬品の在り方の違いから、共通の物差しを採用しがたい点など、まだまだ検討すべき課題は多い。

現時点では、内陸部では弥生時代に起源をもつ地下式板石積石室墓と小木原遺跡群蕨地区（えびの市）で確認された「横口式土壙墓（横口系の竪坑をもつ地下式横穴墓）」から平入り型地下式横穴墓が誕生し、平野部では横穴式石室と横穴墓から妻入り型地下式横穴墓が誕生するという二つの系列を想定しておきたい。

地下式横穴墓の北限の修正

地下式横穴墓の北限は、一〇年ほど前までは一ツ瀬川右岸、すなわち西都原古墳群であった。地下式横穴墓はその遺構の性格上、耕作機械が落ち込むなどで偶然発見されることが多かった。そうした発見の報告がない地域であった一ツ瀬川を越えた左岸の広義の新田原古墳群の一角、字蔵園で地下式横穴墓が確認されたのは、一九八四（昭和五十九）年のことであった。蔵園（くらぞの）地下式横穴墓（新富町）は、平入り型の玄室をもち、明確に年代を決定できる副葬品は検出されなかったが、壁面の掘削・調整にU字形鋤先の痕跡が明瞭に認められ、六世紀代に下るものと考えられた。

その後も周辺で二基の地下式横穴墓の発見が加わり、一基は鉄鏃・金環のほか須恵器の坏の蓋と身から六世紀後半と判断された。その後も、新田原－祇園原古墳群では花園（はなぞの）地下式横穴墓のほか、円墳の密集地帯で地中探査の成果も交えながら、圃場整備等の開発事業にともなう発掘調査で、削平古墳とともに周溝に竪坑をもつ地下式横穴墓の存在が確認され、一ツ瀬川左岸まで地下式横穴墓の分布圏は確実に広がった。

そして、二〇〇一（平成十三）年の東九州自動車道建設にともなう発掘調査の成果のうち、下耳（しもみみ）切（きれ）第三遺跡（高鍋町）での牛牧一号墳（円墳）の成果は、地下式横穴墓の分布圏を小丸川右岸にまで北限を引き上げることになった。そこで検出された地下式横穴墓は、酒元ノ上終末期地下式横穴墓の範疇に含まれるものもあり、いずれも六世紀後半代に下るものと見られ、古墳時代終末期の墓制の揺籃が、地域圏の拡大、というより拡散として現れたものと考えている。

ちなみに、分布圏の西側における北限は、以前は宮崎県えびの盆地・鹿児島県大口盆地としてとらえていたが、一九八五～一九八六（昭和六十～六十一）年、熊本県人吉盆地の一角、天道ヶ尾（てんどうがお）遺跡（熊本県人吉市）において地下式横穴墓が確認されている。

さらに、二〇〇四（平成十六）年までに、海を渡った朝鮮半島の丹芝里（タンチリ）遺跡（韓国忠清南道公州市）において、横穴墓あるいは地下式横穴墓に類する遺構の確認が伝えられた。

高塚古墳をともなう地下式横穴墓

四号地下式横穴墓の墳丘である一一一号墳が、墳丘中に埋葬施設をもつか否かは、大きな課題であった。もとより、地下式横穴墓と墳丘との関係については、下北方五号地下式横穴墓（宮崎市）が巨大な円墳下につくられていたことで注目されたことではあった。

一一一号墳の発掘調査の結果は、墳丘下の浅い位置に埋葬施設が存在することを明らかにした。棺外に副葬されたものと見られる挂甲(けいこう)の小札(こざね)や壺形の須恵器の検出があり、六世紀代の年代が考えられることから、「追葬」が想定された。したがって、四号地下式横穴墓と同時期の埋葬施設が墳丘中に設けられているのかについては、なお課題を残している。地中レーダー探査を同時に実施しているが、複数の埋葬施設の存在を示すとみられる反応を認めるものの、いわば第三の埋葬施設を積極的に特定することはまだ実現していない。

小木原(こぎばる)地下式横穴墓（えびの市）、六野原(むつのばる)二号地下式横穴墓（国富町）では墳丘下の地下式横穴墓と墳丘中も同時に調査が実施されたが、いずれも墳丘中には埋葬施設が認められなかった。また、六野原一〇号地下式横穴墓では、墳頂下五〇センチメートルほどで鏡をはじめとする遺物の出土を見たが、調査者は後世に周辺出土の遺物を埋め戻したものと判断している。当の一〇号地下式横穴墓自体は、西都原四号地下式横穴墓にも匹敵する豊富な副葬品をもつ地下式横穴墓であった。

一方、鹿児島県の岡崎古墳群（串良町）では、円墳と地下式横穴墓の両方が発掘調査され、墳丘中にも埋葬施設が存在することを示した。五世紀中頃の木棺土壙墓を埋葬主体部とする四号墳の周溝中に三基の地下式横穴墓の竪坑が確認されている。年代の判別できる地下式横穴墓は五世紀後半であり、墳丘の施設とは時期差がある。また、下耳切第三遺跡の牛牧一号墳（高鍋町）は、円墳の四基の埋葬主体部（木棺直葬）が設けられ、周溝に三基の地下式横穴墓の竪坑が掘り込まれていたが、玄室は円墳の外へ向かって構築されている。

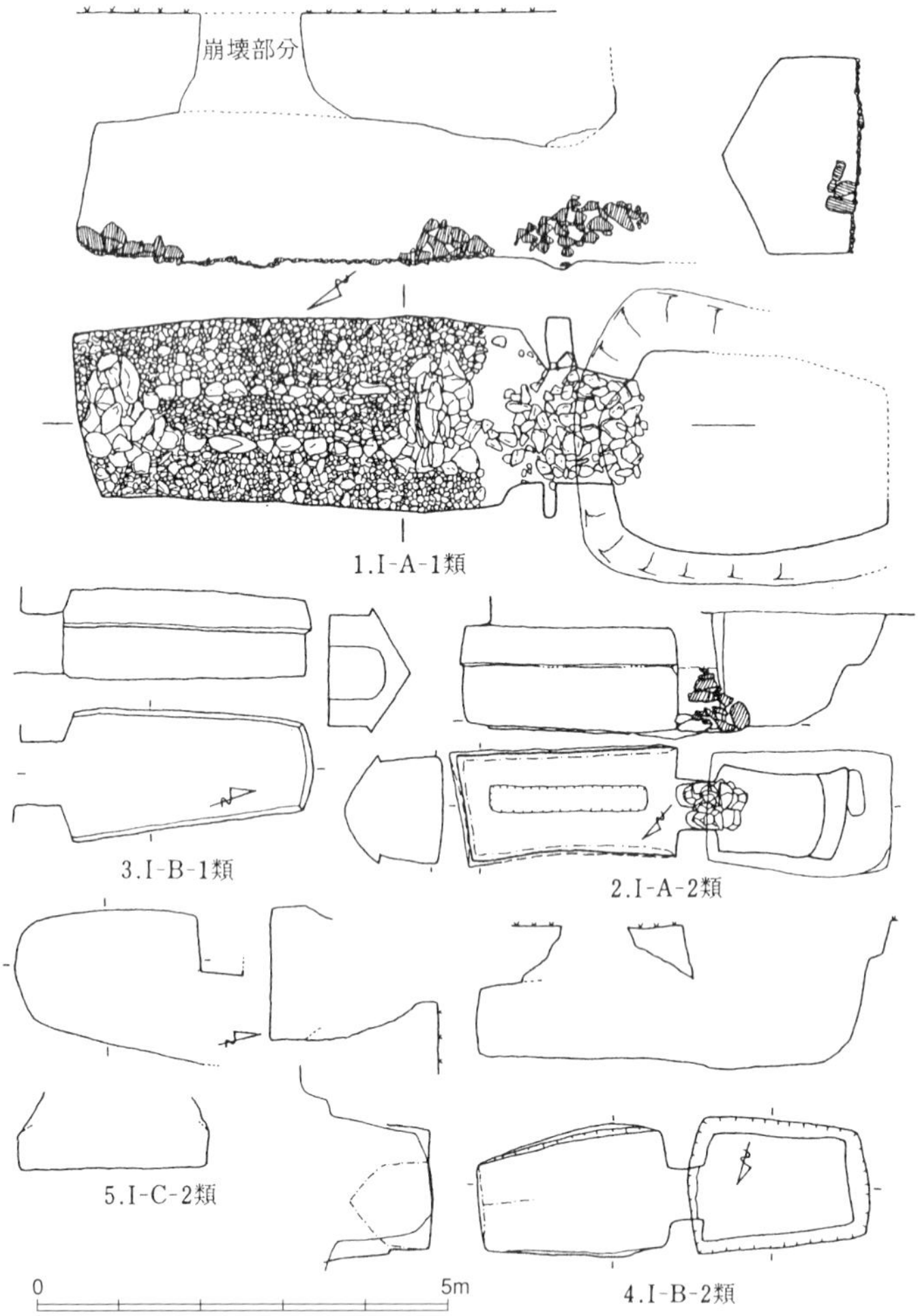

1:下北方5号　2:本庄28号　3:本庄22号
4:雀ケ野　5:築池2号

I-A-1類　妻入・有屍床・玄室規模5m級　　I-A-2類　妻入・有屍床・玄室規模3m前後級
I-B-1類　妻入・無屍床・玄室規模3～4m級　I-B-2類　妻入・無屍床・玄室規模1～2m級
I-C-1類　妻入・両袖・楕円形プラン　　I-C-2類　妻入・片袖・楕円形、長方形プラン

図70　妻入型地下式横穴墓の各類

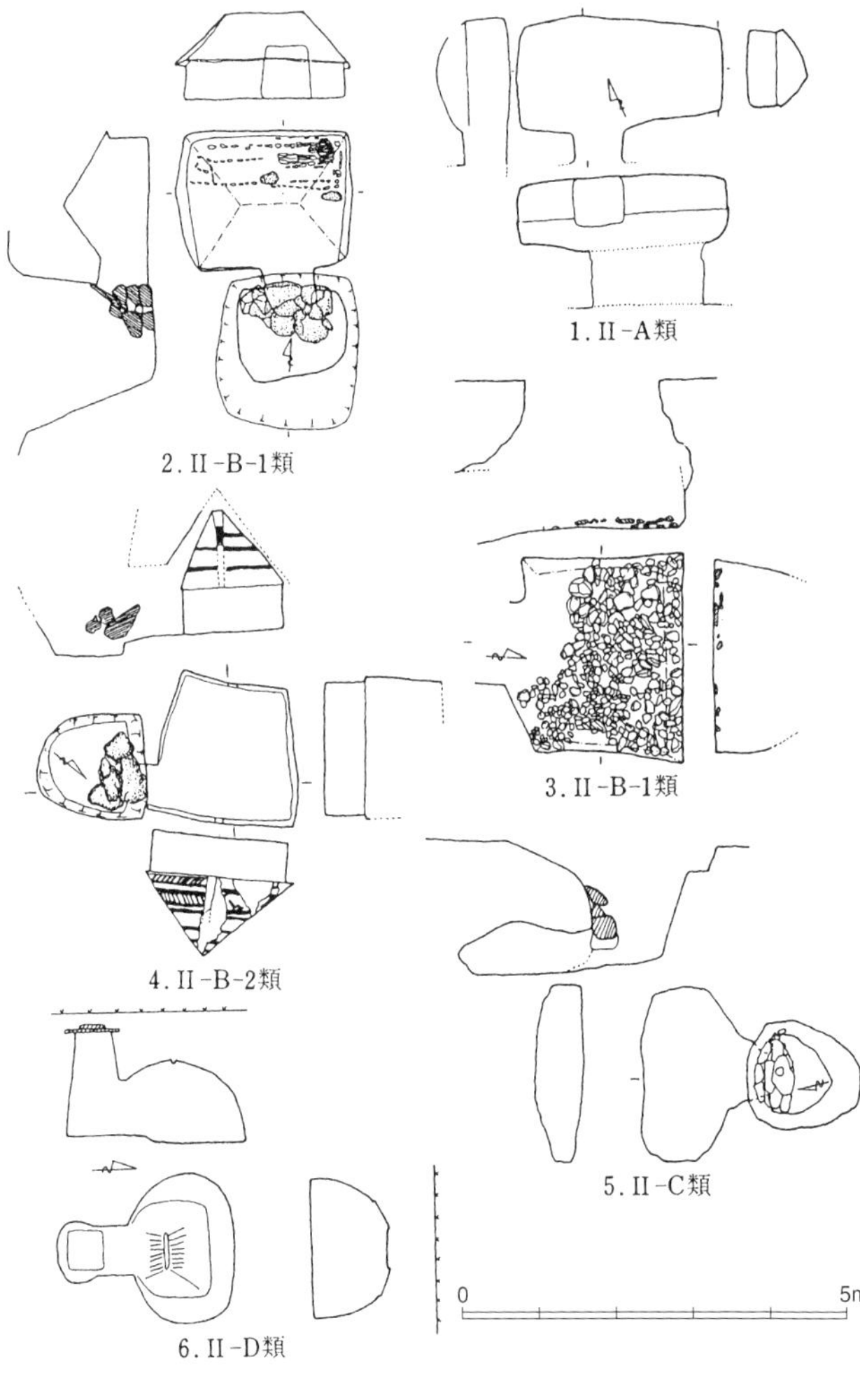

1:桃木畑A号　2:旭 台 2 号　3:祝　子　園
4:旭 号 7 号　5:久見迫4号　6:島 内 3 号
II-A類　平入・両袖・長方形プラン
II-B-1類 平入・両袖・方形プラン　II-B-2類　平入・片袖・方形プラン
II-C類　平入・楕円形プラン　　　II-D類　　平入・竪坑上部板石閉塞

図71　平入型地下式横穴墓の各類

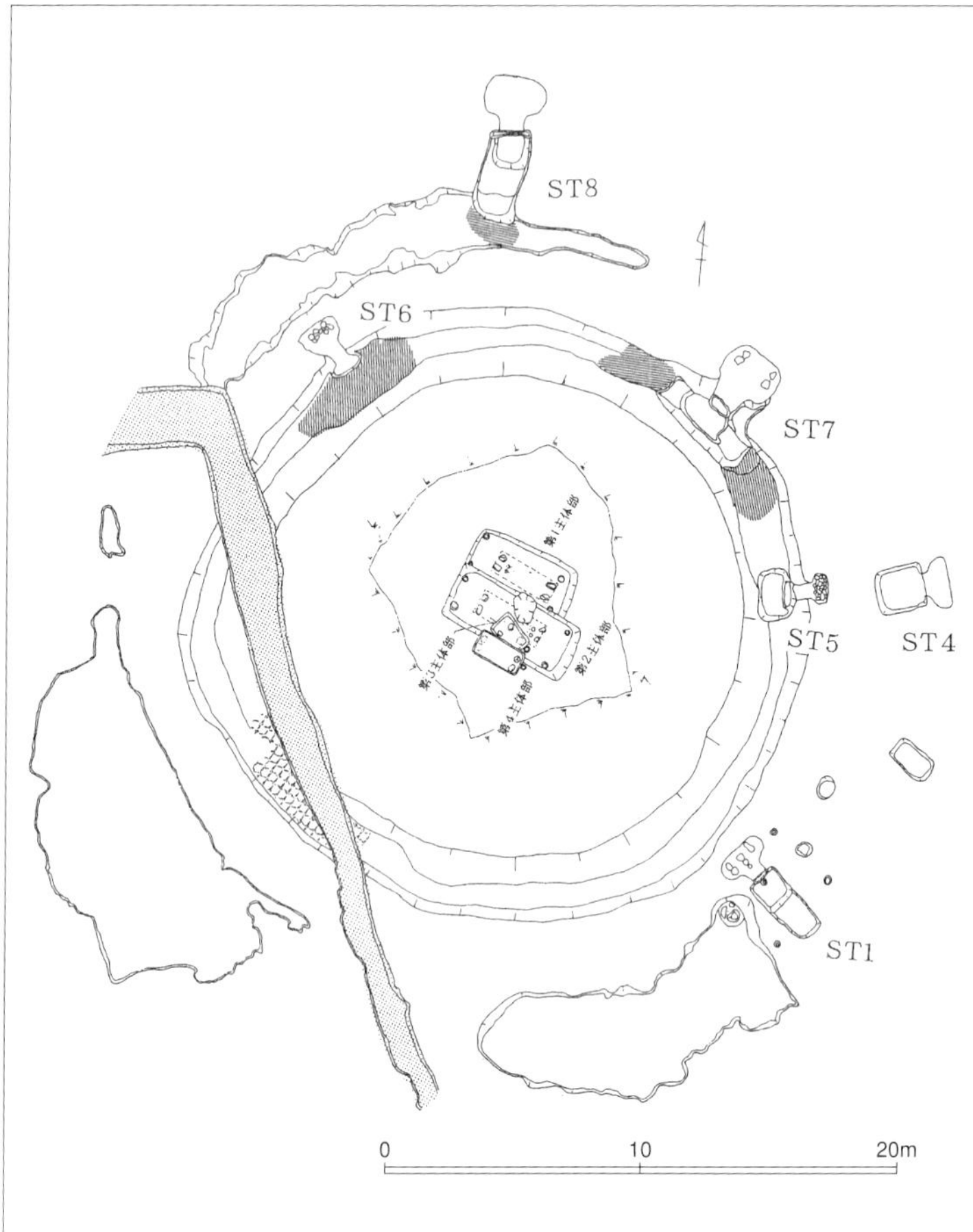

図72　牛牧１号墳平面図

さらに、前方後円墳と地下式横穴墓との間に、先入観をもって上位・下位の階層差を設定することも問題が多い。かつて六野原古墳群・地下式横穴墓群を再評価すべく報告書を検討した結果、三号墳（前方後円墳）下に築かれた一五号地下式横穴墓の存在を指摘したことがあるが、本庄古墳群（国富町）においても、墳長四一メートルの前方後円墳・猪塚とその墳裾で江戸時代に発見された地下式横穴墓との関係も、前方後円墳をもつ地下式横穴墓として認定してもよいのではないかと考えた。また、生目古墳群の墳長四七メートルを測る七号墳（前方後円墳）では、後円部南傾斜面に窪みや墳端部に竪坑が確認され、二基の地下式横穴墓が後円部中心に向かって玄室をもち、地中レーダー探査の結果は五メートル級の地下式横穴墓の存在も示している。

こうして、類例が増えるなか、墳丘と地下式横穴墓との関係については、一つの類型だけを限定的に考える必要はない。墳丘の在り方については、高塚古墳と見まがうばかりの墳丘から、地下式横穴墓を掘削する際に排出された土量で標識程度の土饅頭を成形する場合など、多様な「墳丘」の在り方を想定してよいであろう。また、埋葬施設の有無についても、あるなしの他、ある場合でも同時築造、墳丘埋葬施設が先行し地下式横穴墓が寄生する場合、逆に墳丘をもつ地下式横穴墓が先行し後に墳丘中に埋葬施設が築かれる場合など、多面的な在り方を想定すべきである。

「終末期地下式横穴墓」の定義

酒元ノ上ではじめて確認された墓道をもつ玄室、これを横穴墓の範疇でとらえるのか、地下式横穴墓の範疇でとらえるのかについては両論が噴出した。横穴墓と地下式横穴墓の折衷型の型式であることについては、異論はないであろうが、地下式横穴墓について列島弧内での特殊性を考えない研究者は、列島弧に普遍性をもつ横穴墓の範疇で考えている。ただ、適切なこの種の遺構を示す名称が必要であるが、あらためて別種の遺構であると位置づける必要もない。その後発見された同種の遺構を含め、あらためてその位置づけを考えてみたい。

酒元ノ上六号墓道では、玄室羨門前の墓道床面に浅い掘り窪みが確認されている。機能的にはなんらの意味をもたず、地下式横穴墓の竪坑部の底面が「痕跡器官」として残されたものと考えられる。また、たとえば西都原古墳群の対岸、一ツ瀬川左岸に分布する穂北・千畑横穴墓群の横穴墓の玄室構造とくらべても、立って入れるほどの天井高をもつ横穴墓に対して、這って入る程の低平な天井部や玄室平面形などは地下式横穴墓のものであることなどを指摘できる。

そして、引きつづいて調査例を加えることになった堂ヶ嶋第二遺跡、牛牧一号墳の例、また常心原三号地下式横穴墓の検出例も加え、いずれも酒元ノ上と同様、長大な楔形の墓道を形成するものがみられる。酒元ノ上との違いは、これらが斜面地ではなく平坦地に造墓されている点である。それらを観察すれば、斜面地であれ平坦地であれ、地形的な要因は決定的な条件ではなく、楔形の墓道は竪坑の長大化したものであって、玄室構造は地下式横穴墓となんら変わることのないことからすれば、横穴墓の系譜のなかに地下式横穴的要素が加わったというより、素直に地下式横穴墓の系譜のなかに横穴墓的要素である墓道が採用され、地下式横穴墓の最終様式として生み出されたものと考えられる。

これが「終末期古墳」に対応させて「終末期地下式横穴墓」と呼称する理由である。

5　南九州の生産基盤

米のない南九州

『続日本紀』には、文武天皇二年に常陸・備前・伊予・日向の四国から朱沙を献じたとある（他に、伊勢は朱沙とともに雄黄（ゆうおう）を、豊後からは「真朱」を献じている）。朱沙は、水銀をとる水銀と硫黄の化合した紅色の鉱石であり、全国的にはかぎられた産物であったことが知られる。日向の地での産地は、串間市と新富町に推定されており、とくに『記・紀』に表れる「日向国子湯県丹裳小野」もこの朱沙、すなわち「丹」に由来するものとされるし、新富町の「新田」を「にゅうた」とする読みも、朱沙の産地「丹生」に由来するという柳宏吉の論は説得力がある。

『延喜式』中篇・巻二四・主計・上にみると、紫草をはじめとして、二一歳から六〇歳までの男子「正丁」が納める調・庸の産物は、綿・布・薄鰒など、多くの国から納められておりめずらしくはない。一七歳から二〇歳までの男子「中男」の納める中男作物についても、胡麻子、茜がややめずらしい程度で、斐紙・麻などは多くの国から納められておりめずらしくはない。したがって、これらが主要産物としても、ここから南九州の農業生産の特色を導き出すのはむずかしいように思われる。しかし、九州島のなかでは、日向・薩摩・大隅の三国から、つまりは旧日向の国から、じつは米が納められていないのである。南九州での水田農耕の位置づけを知る上で重要である。

ちなみに、大宰府までの行程「上一二日、下六日」、さらに大宰府から畿内まで行程「上二七日、下一四日、海路三〇日」とあり、一月程度が畿内と日向を結ぶ、当時の文化の伝播の速さの目安となろう。

馬の生産

『三国志』魏志倭人伝の記述には、「その地には牛馬虎豹羊鵲なし」と記されていることから、弥生時代の三世紀頃まで、牛馬は飼育されてなかったとみられる。その後、『書紀』巻第一〇応神天皇十五年に「百済の王、阿直伎を遣して、良馬二匹を貢る。すなわち軽の坂上の厩に養はしむ（百済の王が、阿直伎を遣わして、良馬二匹をたてまつった。そこで軽の坂上の厩で飼わせた）」との記述があり、四世紀末までには列島弧内で馬が飼育されるようになったと推定される。

そして、五世紀代の騎馬文化の受容期に、六野原一〇号地下式横穴墓や下北方五号地下式横穴墓などの馬具類がある。また、馬頭地下式横穴墓群（えびの市）のように副葬品に馬具類が集中する地下式横穴墓群がみられる。六世紀代では、先にも触れた百塚原古墳群出土の国宝金銅製馬具の出土を特記することができる。西都原古墳群のみならず、砂丘上に築造された檍古墳群の一角に位置する上ノ原第一遺跡（宮崎市）などでも、馬埋葬土壙の検出例は増加している。土器田横穴墓（佐土原町）では、馬の描かれた壁画が確認されている。なお、列島弧では、体高一三〇センチメートル程度の中型馬が用いられたとされる。

『書紀』巻第二十二推古天皇二十年には、推古が蘇我馬子を讃えるなかで、「馬ならば日向の駒」と詠んだ。先のほぼ同時期の遺構などからも跡付けることもでき、名馬の産地として日向の地が認知されていたと認められる。古墳時代にさかのぼって、河内（大阪府）や信濃（長野県）などでは馬飼育の牧の存在が指摘されているが、同様に「日向」にもその存在が考えられる。農耕と同様、いやそれ以上に、牛や馬を飼育する牧は重要な経済基盤であったはずである。

『延喜式』後篇・巻二八・兵部省によれば、馬牛牧は一八カ国に所在し、馬牧は二四カ所、牛牧は一二カ所、両方を兼ねる馬牛牧は三カ所となっている。そして、日向は馬牧三カ所、牛牧三カ所で肥前とともに最も多い牧をもつ。ただし、馬牧にかぎれば下総が四カ所と最も多い。馬牧の地名は、野波野・堤野・都濃野、牛牧の地名は、野波野・長野・三野原とある。このうち、都濃野は現在の都農町に比定できるが、その他は諸説があり未詳である。野波野は馬・牛ともに設定されているようであるが、現在の野尻町あたりを当てるのが妥当であろう。

また、牛牧に見える三野原は、『太宰管内志』では三原姓に由来するとの説をあげるが、西都市の三納あたりを考えてよいであろう。なお、平城宮からは七一三（和銅六）年前後と推定される「日向国牛皮四張」と墨書された木簡が二点出土している。

Ⅵ　西都原古墳群から『記・紀』を読み解く

1　『記・紀』伝承の地

西都原古墳群の周辺には、『記・紀』のいわゆる「日向神話」に因む伝承地が残されている。瓊瓊杵尊と木花開耶姫に関するもので、二人の出逢いの地とされる逢初川、最初の夜を過ごした「八尋殿」、一夜の契りで懐妊し瓊瓊杵尊の疑いを晴らすため、戸のない産屋に火を放って出産をした「無戸室」、生まれた「火照命（火闌降命・火酢芹命・海幸彦・隼人の始祖、『記』では隼人阿多君の始祖）」、「火須勢理命（火明命・尾張連の始祖）」「火遠理命（彦火火出見尊・火降尊・山幸彦）」に産湯をとらせた「児湯の池」などである。

『記・紀』にこうした日向神話が登場することを、この地を舞台にした史実とみなす根拠はなにもない。いわゆる神代の記述の理解については、基本的には四世紀代から七世紀代の歴史事実を背景として、神代の記述は模式化され、くり返されたものとみてよいと思う。したがって、史実そのものではないが、史実を基礎とすることを私は認める立場である。

そして、「虚構」が虚構として自立した磁場をもち得ることからすれば、すべてを史実であると強弁する必要ははじめからない。虚構から戦争がはじまり、多くの人びとの死という現実で終わるように。

2　大王との婚姻関係

『記・紀』の登場人物

古墳時代に相当すると見られる景行天皇以降の記述のなかに登場する日向出身者ないしはその子などの「人物」を挙げてみたい。景行の妃として「美波迦斯毘賣（御刀媛）」、その子として「豊國別王（豊國別皇子）」。『書紀』では、他に妃として「日向髪長大田根」、その子「阿牟君」の始祖とされる「日向襲津彦皇子」が記載されている。加えて、妃ではないが、いわゆる熊襲討伐の巡行に際して夷守（小林市）の岩瀬河で食物を献上する人物として「諸県君泉媛」が登場している。この景行に関する記述は、「倭建命（日本武尊）」の活躍も含めて、列島弧全体の覇権と国造の配置などによる支配体制の整備とその正当性を物語る説話性の高い要素を含んでいる。

応神の妃として「泉長比賣（泉長媛）」、その子として「大羽江王（大葉枝皇子）」「小羽江王（小葉枝皇子）」「幡日之若郎女（『書紀』にはなく、次の仁徳と髪長比賣の子として「幡梭皇女」の名がある）」。仁徳の妃として「髪長比賣（髪長媛）」、その子として「大日下王（大草香皇子）」「若日下部命（『書紀』にはなく、代わりに先の「幡梭皇女」）」。応神と仁徳に関する記述は、もともと同一人物ではないかとの説もあるように、両者の記述には重複や錯誤と思われる箇所がみられる。

このなかで、豊国別皇子について「日向国造の始祖」であると明記されている点は注目しておく必要があるし、それ以上に、注目しなければいけないのは、髪長媛の父親の名前が明記されていることである。すなわち「諸県君牛諸（牛諸井）」である。ことに髪長媛に関しては、応神の条にわざわざ一項をたてて特記されているなど破格の扱いである点も含めてその位置づけは重要である。

畿内での日向の役割の変化

とくに、髪長媛の比重が大きいのは、その子大草香皇子さらに孫「目弱王（眉輪王）」や大草香皇子の妹幡梭皇女らが大王権継承に関して大きな役割を演じることになるためと考えられる。すなわち、安康から雄略の時代、大草香皇子が安康に殺され、その仇として眉輪王に安康が殺される。それに対して雄略が眉輪王を殺すとともに、眉輪王を匿った葛城襲津彦の孫である圓大臣をも殺してしまうのである。その一方で、雄略の皇后に幡梭皇女がついている。しかし、『記』によれば「子なかりき」であり、ついぞ日向系統の大王の即位は実現しなかったのである（なお、幡梭皇女の名は履中天皇の皇后としても上がっており、同一人物か別人物については異論がある）。

雄略は、さきたま古墳群の稲荷山古墳（埼玉県行田市）出土の鉄剣の金象嵌銘や、江田船山古墳（熊本県菊水町）出土の大刀の銀象嵌銘に表れた「獲加多支鹵大王」と見なされる大王であり、五世紀後半代の政変の主役として存在した。一方、葛城氏の系譜のうち、圓大臣の系譜は途絶えることになり、大臣位は平群氏に移ることになったとみられ、この平群氏によって地域の再編も推し進められたと考えられる。西都原古墳群周辺においても、平群すなわち大字「平郡」はその根拠地を

表7　『古事記』『日本書紀』にみえる大王との婚姻関係

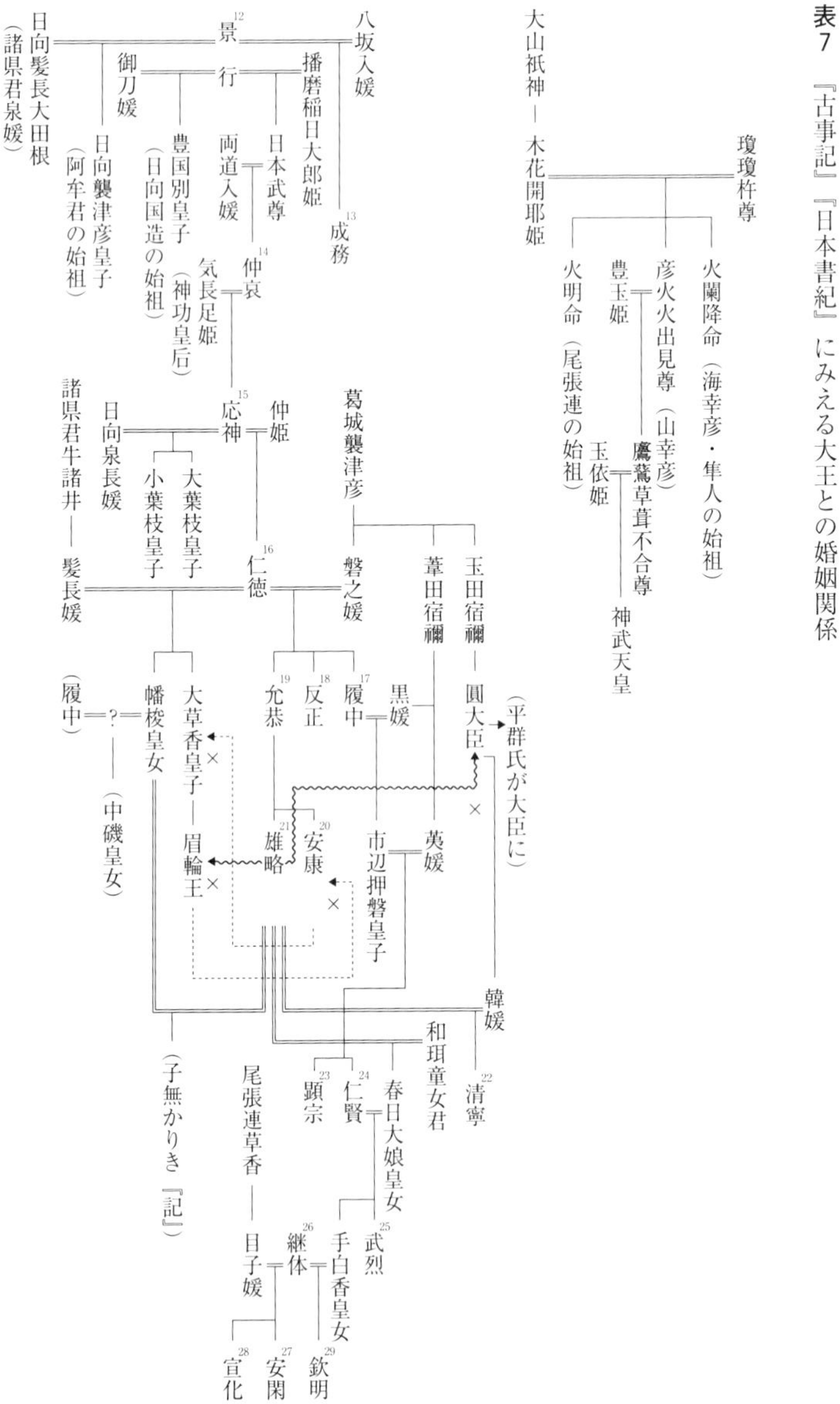

なした地域とみなせる。西都原古墳群における前方後円墳の築造停止は、こうした動きを反映したものではないか。

さらに、六世紀前半代の継体天皇の時代において、完全に日向系統の勢力は断絶し、代わりに尾張連(わりのむらじ)らが中枢権力において力を振るうようになった。そして、この南九州の地には、百足塚にみるように、継体天皇の真陵と目される今城塚(大阪府高槻市)の埴輪祭祀をもち込む首長層が新たに台頭してきたのである。

3　男狭穂塚・女狭穂塚の被葬者

被葬者の特定の問題

こうした姻戚関係を基に、日向の豪族が畿内政権内で発言力をもち得たであろうことが想定できる。しかし、古墳の被葬者の個人名を特定することはむずかしく、考古学的な史資料の検証の上からは慎重を期さなければならないとされ、考古学研究者はとくにその点については、禁欲的である。

そうしたなかで数少ない、個人名を特定できる古墳として認知されている古墳について触れれば、継体天皇の時期、列島弧の覇権を争い、五二八年に没したとされる「竺紫君石井(つくしのきみいはゐ)(筑紫國造(つくしのくにのみやつこ)磐井)」を葬った古墳が、六世紀代では九州最大の前方後円墳・岩戸山古墳(福岡県八女市、墳長一三五メートル)とされている。それに対して五世紀前半代、それを遙かに凌駕する規模の前方後円墳・女狭穂塚や、列島弧最大規模の帆立貝形古墳・男狭穂塚の被葬者は少なくとも磐井に匹敵する人物として、『記・紀』の上に登場しているはずである。そう考えるとき、「前方後円墳の規模は、被葬者の生前の権力の大きさに比例する」とする大いなる仮説を前提とすれば、ほとんど唯一個人名が明記され『記・紀』に登場する日向の豪族「諸県君牛諸井」なる人物の葬られた墓を過小評価するわけにはいかないであろう。

私たちはすでに、その人物の巨大な墳墓を「それ」と認識せずに目にしてきたはずだと考えてよい。そして、もっとも巨大であるとすれば、男狭穂塚・女狭穂塚以外には考えられないのではないか。

婚姻関係の実際

この景行から継体にいたる古墳時代に相当すると見られる時期、大王家との婚姻にかかわる豪族名として頻繁に登場するのは、畿内在住の豪族では葛城氏、畿内以外の地域では吉備・尾張である。吉備（岡山県）には列島弧内第四位規模の造山古墳（岡山市、五世紀前半、墳長三五〇メートル）、同じく九位規模の作山古墳（総社市、五世紀中葉、墳長二八六メートル）など、尾張（愛知県）には東海地域最大規模の断夫山古墳（名古屋市、六世紀前半、墳長一五一メートル）など代表的な大規模古墳が見られる。吉備は、同時に「反乱」伝承も残されており、この時代のこの種の「反乱」とは「覇権争い」であることからすれば、その勢力は前方後円墳の規模からしても大王勢力に匹敵する。

これらの前方後円墳の被葬者も、五～六世紀代に相当する時期の『記・紀』に登場する婚姻関係ないしは「反乱首謀者」などを書き出していけばよい。たとえば、赤塚次郎（愛知県埋蔵文化財センター）が断夫山古墳の被葬者として、『書紀』に登場する継体の妃である尾張連氏出自の「目子媛」、その父の「尾張連草香」を想定したように、おのずから被葬者像を絞り込めるはずであるし、その方法論も間違ってはいないと考える。

これらのことから、男狭穂塚の被葬者を牛諸井、女狭穂塚の被葬者を髪長媛とする推論は可能であろう。また、髪長媛が故郷に葬られたとするのは、出土人骨の親族関係の分析結果、上ノ原横穴墓群（大分県三光村）などで配偶者が合葬されず、故郷に帰葬されたと推定される五世紀代の被葬例からいって、不思議なことではない。

仁徳の皇后は「石之日賣（磐之媛）」であり、その父の「葛城曾都毘古（葛城襲津彦）」は、その名に「曾」または「襲」が含まれていることから、南九州の地と関係の深い人物ではなかったかと目されている。つまり、牛諸井と襲津彦は、同じ姻戚関係を基にした地位を得ていることになる。また、先に触れたように雄略の時代、その孫子の代に運命をともにしている。そこから考古学的に注目されるのは、男狭穂塚が規模の上でしのぐことになった乙女山古墳で、これは、帆立貝形古墳の卓越する特異な古墳群である馬見古墳群（奈良県河合町）に属している。そして、その馬見古墳群は、葛城氏の奥津城として知られている。

4　諸県君の位置づけ

諸県君とは　かつて、子湯県の県主を畿内政権の直轄的色彩から持田古墳群の築造主体とし、大王と在地豪族の血を引く豊国別皇子を祖とする日向国造を西都原古墳群の築造主体、さらに在地的要素の強い本庄古墳群の築造主体を諸県君とする考えを述べたことがある。しかし、諸県君の「諸県」は、現在では、宮崎市以西の東諸県郡・西諸県郡・北諸県郡に郡名を残すが、古墳時代の領域をここに限定する必要はない。諸県の範囲をどう考えるのかについては、平安時代の承平年間に源順により編纂された『和名類聚抄』の段階の地域的範囲からさかのぼることになるが、「児湯」と「諸県」の範囲はこの頃には明確になっていたと考えられる。しかし、古墳時代においては、南九州一円を代表する豪族として「諸県君」が君臨していたとしても不思議はない。「筑紫君」が後の国名でいえば、筑前・筑後のみならず大きくは九州を南北二分したときの「北部九州の代表権者」としての位置をもつのと同じように、「諸県君」は、後の国名での日向・大隅・薩摩および肥後の南部までを含む「南部九州に所在する諸々の県の代表権者」と見てもよいと考える。

なお、『先代舊事本紀』巻七・天皇本紀の「景行天皇」には「豊国別命　日向諸県君・祖」と記載されている。「命」と「皇子」の違いはあるが、同一人物を指し示すものと考えると、日向国造の祖であるとともに諸県君の祖であるということになる。このことは、この記述がどれほどの根拠をもつものかという問題ではなく、『舊事紀』が編纂された平安時代初頭においてこの両者を同一と見なしても不思議なかったことを少なくとも意味している。

また、同巻十・国造本紀の「日向国造」には、「豊国別皇子三世孫老男（おいお）」が国造に任じられたとある。三世の孫の世代は、系図からたどれば単純には髪長媛の世代に相当する。したがって、牛諸井の子の世代であり、先の記述を参考に、諸県君と日向国造を重ね合わせれば、牛諸井自身が豊国別皇子の子あるいは血縁と見なしてもおかしくないし、この老男とは牛諸井の子ないしは甥、髪長媛の兄弟ないしは従兄弟といった存在を想定してもおかしくはないであろう。

年代観の整合性

天皇の崩年については、『記・紀』では大きな違いがある。景行は、『記』では記載がないが、『書紀』では「庚午年一一月七日」で一三〇年である。応神は、『記』では「甲午年九月九日」で三九四年であるのに対して、『書紀』では「庚午年二月一五日」とあり三一〇年である。次に、仁徳は『記』では、「丁卯年八月一五日」で四二七年、『書紀』では「己亥年正月一六日」とあり三九九年となる。ちなみに雄略は、『記』では「己巳年八月九日」で四八九年、『書紀』で「己未年八月七日」で四七九年、継体は、『記』では「丁未年四月九日」で五二七年、『書紀』では「辛亥年二月七日」で五三一年となる。

こうしたことから指摘されているのは、『書紀』の崩年より『記』の崩年の方が、実年代に近いこと、おおむね雄略以前の崩年の時期差の振れ幅が大きいのにくらべて、以後はほぼ一致ないしは近い年代が示されていることなどである。『宋書』倭国伝に記載されるいわゆる「倭の五王」讃・珍・済・興・武のうち、済を允恭、興を安康、武を雄略として、讃については応神・仁徳・履中のいずれか、珍も仁徳か反正とする諸説があるが、かならずしも私は「倭の五王」と各天皇とを結びつけることに与しないが、ここでは年代観のぶれを検証する意味で取り上げておきたい。讃の四二一（永初二）年と四二五（元嘉二）年にはじまる歴代の「貢献」の記載などと、『記・紀』の年代観の整合性を求めると、やはり『古事記』の記述の方がより整合性の高いものと判断されている。

そこで、仁徳の崩年四二七年は、考古学的な表現では五世紀第2四半期の早い段階ということになろう。男狭穂塚・女狭穂塚の築造年代も五世紀第2四半期の早い段階である。

なぜ日向なのか

誤解を取り除く意味であらかじめ断っておけば、ここで被葬者像として特定しようとしているのは、「牛諸井」なり「髪長媛」なりの個人名をもつ人物の実在についてではない。「古墳時代五世紀前半代に、畿内の大王家と婚姻関係をもった南九州地域の豪族」が存在したことを特定しているのである。

しかし、それにしてもついぞ大王権を継承することのなかった日向の地を、『記・紀』でなぜ「天皇家」自らの出自の地として定めなければならなかったのであろうか。これは、『記・紀』の編纂される時期に現在進行形であった南九州の隼人の制圧を正当化し、列島弧の版図の南限を治めたことを誇示する政治的意図などとする乾いた論理によるものなのだろうか。しかし、そのためだけにすでに死に体の地域勢力に気兼ねする必要があったのだろうか。応神・仁徳の二代にみる、古墳時代に相当する時期の大王との婚姻関係の濃密さが、「神代」における瓊瓊杵尊と木花開耶姫との婚姻譚や他ならず「天皇家」自らの出自の地として「日向」を登場させねばならなかった記述等に反映させられたと見ることができる。

また、先に取り上げた大王権継承にかかわる内紛などを考え合わせるとき、日向系統の継承者たちの霊を鎮めるためにも、日向の地はある意味「聖地」として位置づける必要があったのではないだろうか。

考古学の史資料の面から言えば、帆立貝形古墳、壺形埴輪、藤井寺市、乙女山古墳、そうした点と点が結ばれ線となり、線は面や立体となり、歴史の実像が目の前に現れてくるのである。

5　正統と異端

「鬼の窟」伝承の背景

鬼の窟古墳には、『記・紀』神話に因む二つの伝承が伝

図73　大正時代の鬼の窟古墳

えられている。一つは、木花開耶姫との結婚をのぞむ瓊瓊杵尊に対して、父親の「大山津見神（大山祇神）」が窟の石を貫き取り、投げくらべして、勝てば結婚を許すとの条件を出し、瓊瓊杵尊が勝ち結婚が許されたとの話である。いま一つは、「鬼」が木花開耶姫との結婚をのぞみ、大山祇神は条件として一夜で窟をつくれば結婚を許すとした。鬼は窟を完成させたが、結婚を避けたい大山祇神は窟の天井石を貫き取り、投げ捨てたというものである。これらが「石貫」の地名の起こりとされる。いずれも、『記・紀』を基礎として平安時代以降に民間に生じた伝承であろう。

この伝承は、構図的に背反するもので、前者は天孫と在地豪族の娘の婚姻譚であり、後者は鬼に象徴される異端勢力の拒否・拒絶の伝承譚である。この場合の異端勢力は、歴史的には地下式横穴墓に代表される在地勢力、また下っては熊襲・

隼人を意味しているものと見てよい。

事実、鬼の窟古墳は羨道部の天井石を欠いているが、整備にともなう発掘調査により、その欠落の意味が判明した。羨門部から一部羨道部の天井石を積み直すため、土層を断ち割ったところ、天井石の欠落に向けて黒色土が入り込んでおり、盗掘坑の様相を見せた。また、玄室内部の精査で平安時代のヘラ切り底の坏が多数出土した。羨門部がまだ開口してなかった時代、天井部の比較的薄い天井石を貫き取り、盗掘されたものと見られる。

熊襲・隼人の発見

「熊襲」は、『記・紀』ともに景行の時代に登場する。そして、「隼人」が『書紀』巻第二十八の六八二（天武十一）年にはじめて登場する。古墳時代がやがて律令体制へと、古代国家の集権化への道をたどるとき、南九州の地域社会の集権化への抵抗という道の選択はある意味必然だった。この必然性のなかに、熊襲・隼人の政治的な発見がある。

古墳時代にさかのぼって、彼らが本当に熊襲・隼人であったのかなど、問題にしようとしているのではない。『記・紀』の編纂された段階でなぜ、南九州の人びとが熊襲・隼人として発見されたのかを、差別化・異化の理由に、古墳時代を通して営まれてきた地下式横穴墓に象徴される地域の伝統が利用されたであろうことを、問うているのである。

Ⅷ　史跡整備と考古博物館の将来

1　日向の古代史を歩く

ときおり、見慣れた場所でも、無性に歩いてみたくなるものである。歩く速さで見るものには、つねに新しい発見がある。

西都原古墳群南の端、鳥子支群の二三九号墳（前方後円墳）は、宅地に挟まれていささか窮屈な状態になったが、逆にその存在感を増しているともいえる。北へ、緩やかに尾筋支群への坂を上ると、昔ながらの農村集落のたたずまいのなか、ところどころに鎮守の森のようにこんもりとした場所があれば、そこはかならず古墳である。律令期の官印と官庁倉庫の鍵にかかわるとされる印鑰（いんやく）神社が道路脇に存在する。したがって、古くは道路を挟む北西の位置に国府跡が想定された。最盛期の国衙は、稚児ヶ池の東側に位置すると判断したが、初期段階の国衙また郡衙など公の施設が存在する可能性は捨てきれない。道路脇の二二六号墳（前方後円墳）を眺めながら、さらに北へ進むと東側に鬱蒼とした杉林が見えはじめ、そこが大きな谷であることが認識できる。

その北側が、国分寺跡である。江戸時代を通じて伝承され、継承されてきた。柳宗悦により「微笑仏」が見出され、広く世に知られるようになった甲斐国（山梨県）生まれの木喰上人（もくじきしょうにん）が、一七八八（天明八）年以降足掛け約一〇年に及び「日向国分寺」に留まり、五智如来像など作中最大規模の仏像を残したことは文化史上特記される。近年、市教委によって伽藍確認のための発掘調査が継続され、回廊、中心部の金堂ないしは講堂の基壇の基底をなすと見られる地業（ちぎょう）の跡、僧坊ないしは食堂（じきどう）などの配置が確認されているが、未だ塔の存在は確認されていない。

国分寺跡を過ぎると大きな道路に突き当たる。古墳群の密集地帯である台地に上る南からの幹線道路である。西手の台地に上る石段が見えてくるが、三宅神社への階段である。東側の中間台地上では、宅地建設にともない石帯が出土している。正式な手続きでの発掘調査は行われなかったが、発見者の話では、多量の木炭が出土し、そのなかから発見されたものだという。そうであれば、木炭槨の存在が想定されるし、律令期の官人層の墓地が存在することを教えている。

道路を上がり切らずに、しばらくは台地の下を巡っていきたい。すぐに県立妻高校のテニスコートが見えてくる。校舎側の運動場との間の道を抜けると、その途中でも古墳と遭遇する。ここはまた、国分尼寺の推定地である。いく度かの校舎建設や建て替えにともなって布目瓦が出土するなど事前調査が行われたものの、伽藍の詳細を明らかにするまでにはいたっていない。しかし、校舎より南側の運動場再整備にともなう確認調査によって、築地塀にともなうとみられる溝跡などが確認され、確認面が深いことから、予想以上に良好な形で遺構が残されている可能性が考えられる。

北の国分尼寺と南の国分寺という位置が、現在では定説化している。しかし、尼寺の場所は、大字右松に属する小字「鷺田」、その小字のなかにさらに小さな区画で、大字三宅の飛び地として「毘沙門」という小字名が残されているのである。ちなみに、高校正門の北側に位置する二一二号墳（前方後円墳）は、「毘沙門塚」とよび習わされている。尼寺の正式名称は「法華滅罪之寺」、国分寺は「金光明四天王護国之寺」である。四天王はいうまでもなく、持国天・増長天・広目天・多聞天であり、多聞天は毘沙門天である。なぜ、推定される尼寺の地に毘沙門なる小字名が残されているのか気になるところである。

ふたたび、大きな道路に突き当たる。市街地の中心から台地に上るもう一つの幹線道路である。ここでもまだ台地に上らずに、すこしばかり市街地寄りに道路を下ると、北に向かう大きな道路との交差に出合う。その道路を北上すると、やがて稚児ヶ池が見えてくる。道路を挟んだ南東側に小さな社が建っている。稚児ヶ池の名前の由来は、その説明板で明らかになる。南側の道路に分断された高台が、豪族居館跡が想定される酒元遺跡である。また、東に向かうと、『延喜式』に記された二之宮である都萬神社にいたる。そこから北を見ると、まっすぐに集落を貫く古くからの道を見ることができる。国衙の中心政庁跡の西側を区画する築地塀や道の名残である。

県教委では、一九八八（昭和六十三）年から国衙所在地の絞り込みを行い、稚児ヶ池の東側に位置する寺崎遺跡で中心施設である政庁跡の所在を明らかにした。南側に隣接する妻北小学校のプール造成に際して、墨書を判読することはできないが木簡の発見も伝えられている。北上して児湯の池にいたる谷筋は、現在は水田となるが、あの逢初川(そめ)であり、律令期には明確な小河川として存在し、祭事の際などに、木簡や木製人形(ひとがた)などが投げ入れられた可能性が高く、池や谷筋の水田の発掘調査によってそれらの史資料を得ることができるであろう。また、近くの民家が所有していた、平安時代のものとみられる「児湯郡印」は全国でも貴重な資料で重要文化財に指定されている。郡衙の所在も課題である。

池の西側が堂ヶ嶋第二遺跡、周辺にやや密集した円墳群、そして地下式横穴墓群が存在する。さらに北に道をとると、住宅地を過ぎ視界がやや開ける。逢初川の湧水点が、児湯の池であり、その周辺に日向神話の伝承地が点在する。見えてくる鳥居は、石貫神社、その前に鬼の窟古墳から貫き取られたと伝承される石が鎮座する。道は大きく右に曲がり、台地へと上る。曲がり際の長い石段が、石貫の階段である。それを上れば、第二－A支群のなかほど、九〇号墳の脇に出る。九〇号墳は、柄鏡形前方後円墳のなかで最大規模、そこから木花開耶姫の父の墓との伝承が起こり大山祇塚とよばれるようになった。階段を上らずに道なりにたどれば、第二－B支群に出る。群分けを紛らわせるのは、この道であるが、旧地形を観察することは十分できる。

台地に上り切る。訪れた誰もが、古墳時代に紛れ込んだようだと、口を揃えて言う。そこでは電線一本見ることもない。広々とした田園風景が広がり、台地の縁辺に古墳が密集し、また連続する様は他では見ることができない。そして、目に飛び込んでくる中央の大きな森が、陵墓参考地の男狭穂塚・女狭穂塚である。

古墳時代以降の台地上の遺跡についてすこし整理しておきたい。現在の宮崎県立西都原考古博物館の駐車場建設に先立つ西都原西遺跡の発掘調査で、奈良時代から平安時代にかけての掘立柱建物跡と竪穴住居跡が検出されている。台地の南側に位置する寺原遺跡では、奈良時代の竪穴住居跡が二棟、原口遺跡では、平安時代の住居跡が確認されている。また、周辺で同時期の土壙墓も確認されている。ことに、西都原西遺跡の建物跡は大規模で、国府が機能した時期、台地上の一角に設置された公的施設の可能性が高い。

2　「風土記の丘」から「歴史ロマン再生」へ

史跡を整備する、あるいは活用するということは、いったいどういうことなのか。常々、史跡の整備は、「大地に刻まれた歴史を読むため」であると考えている。むずかしい漢字にルビを振ったり、専門用語に解説を付したり、註を設けるなど、分厚い歴史書を読む手助けをするようなものだといえる。そして、史跡に隣接して設置される考古博物館は、いわば『考古学辞典』の役割だといえるであろう。

大正時代の発掘調査以来、西都原古墳群がふたたび注目を集めたのは、一九六五（昭和四十）年に始まる「風土記の丘」整備事業であった。面的に景観の創出が図られ「森のなかの古墳群」、「草原の古墳群」、「古墳間での散策」とするイメージで整備され、西都原資料館が建設された。しかし、特別史跡・県立都市公園・県立自然公園といった三重の保護の網がかけられ、歴史的環境の保全が図られたのはよいが、活用の視点が抜け落ち、手をつけないことが保護の最良の施策とでもいうかのように放置状態になり、すべてが鬱蒼とした森のなかに没してしまった。活用とは、多くの人びとが史跡に親しみ、歴史の奥深さを享受することである。親しむことによって史跡のたいせつさを実感することができる。歴史をたいせつにする社会と、高齢者がたいせつにされる社会とは、同意語である。

図74　13号墳内部見学施設

図75　171号墳整備後

開発事業に追われる発掘調査に終始するのではなく、埋蔵文化財保護行政の確かな将来像として「次に来るもの」を見通し、目的意識的に史跡の保護と整備、そして活用を具体化したいと考え、資料館の再編整備も課題に含め、まとめ上げたのが『西都原古墳群保存整備活用に関する基本計画』（一九九五）であった。折から、文化庁の補助事業も増強され、「大規模遺跡総合整備事業（古代ロマン再生事業）」（その後、「地方拠点史跡等総合整備事業（歴史ロマン再生事業）」となった）に池上（いけがみ）・曽根（そね）遺跡

表8　整備古墳とその位置づけ

時代	時期	古墳名（種類）	立地場所	整備方法
4世紀	前半	100号墳（前方後円墳）	第2－B支群	葺石露出・墳丘樹脂硬化
		173号墳（前方後円墳）	寺原第1支群	芝張り（東半分）
	後半	13号墳（前方後円墳）	第1－A支群	芝張り・模型・埋葬施設公開
5世紀	前半	171号墳（方墳）	丸山群	葺石復元（2面のみ）
		169号墳（円墳）	丸山群	芝張り
	後半	4号地下式横穴墓（地下式横穴墓）	第3－A支群	モニター内部観察
6世紀	前半	【前方後円墳の空白→新田原古墳群への首長墓の移動・地下式横穴墓を主体とする円墳群第1－A支群・第3－A・B支群】		
	後半	鬼の窟古墳（206号墳・円墳）	第1－B支群	石室内部復元整備
7世紀	前半	酒元ノ上（終末期地下式横穴墓）	第1－B支群	遺構の全面覆い屋

（大阪府和泉市・泉大津市）とともに真っ先に手を挙げることができた。その後も、県・市あげてのプロジェクト事業も立ち上がり、考古博物館、ガイダンスセンター（市観光協会運営の「このはな館」）、駐車場、周辺アクセス道路の整備等が進み、現在にいたっている。

最初に着手したのが古代生活を体験できる施設の建設で、これは「西都原古代生活体験館」として二〇〇三（平成十五）年の半ばまで県総合博物館の分館として機能し、現在では考古博物館のなかの古代生活を体験できる施設となっている。また、古墳整備としては、横穴式石室の入口の楠が巨大化し、石室への影響が懸念された鬼の窟古墳を最初に手がけた。そして継続して、各時期の変遷と古墳の特徴等、またさまざまな整備手法を含め、その全体像を把握できるよう、古墳を選定して整備を行っている。これらを巡ることによって、大地に刻まれた歴史を読むことができるはずである。

なお、毎年十一月の第一土・日曜日には、「古墳祭り」が行われる。そして、この日曜日だけは、宮内庁の配慮により、陵墓参考地への一般立ち入りが行われている。

3　考古博物館の新しい試み

古墳群を眼下に見下ろす標高八〇メートルの高台に、資料館に代わり二〇〇四（平成十六）年四月に開館した宮崎県立西都原考古博物館が建っている。展示は、古墳時代に特化したものではなく、南九州の旧石器時代から現代（考古学の現在）までを扱い、同時に野外博物館（フィールド・ミュージアム）として整備古墳等を屋外の展示として位置づけ、また遺跡博物館（サイト・ミュージアム）としての役割も担っている。

自然系博物館と歴史系博物館とは、おのずからその伝達方法には違いがある。よく小学校高学年にもわかりやすい展示を、との声を聞くが、それには何の根拠もない。考古博物館では、「毅然とした大人の生き方」を示しながら、歴史を親から子へ語り継ぐ姿勢を基本としている。そして、常設展示という概念を捨て去った。「つねに新しい情報を展示」する「常新展示」という発想は、二つの進化・深化への、二つの創造・想像する力によって担われている。

ユニバーサルデザインは、将来を見据えても果敢に挑戦すべきテーマの一つである。考古博物館では、誰でもが自由に活用できる展示と施設づくりが目指されている。史資料の保存に影響のないかぎり、多くの史資料は露出展示とし、実物に直接触れることができるようになっている。また、

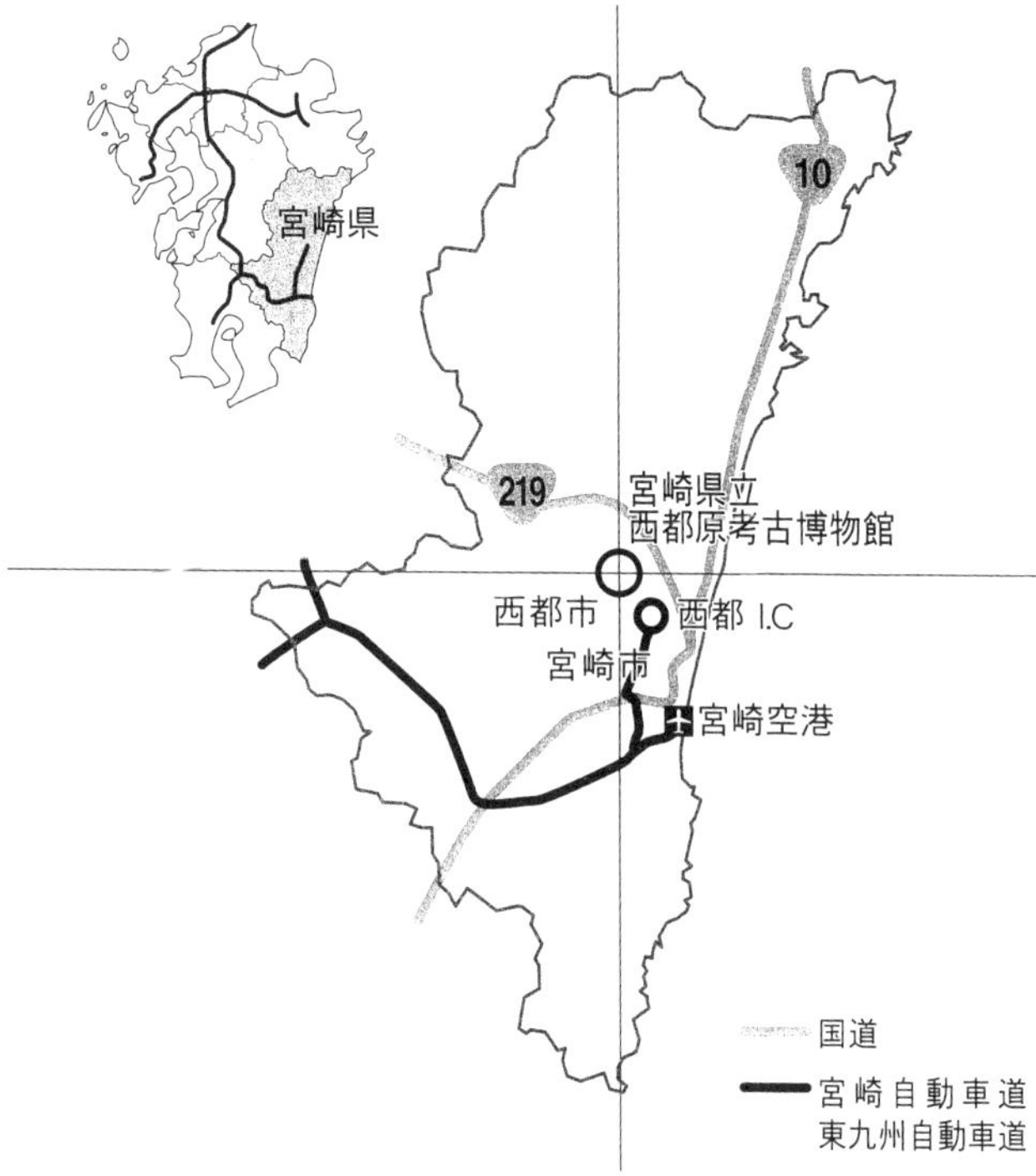

【施設概要】

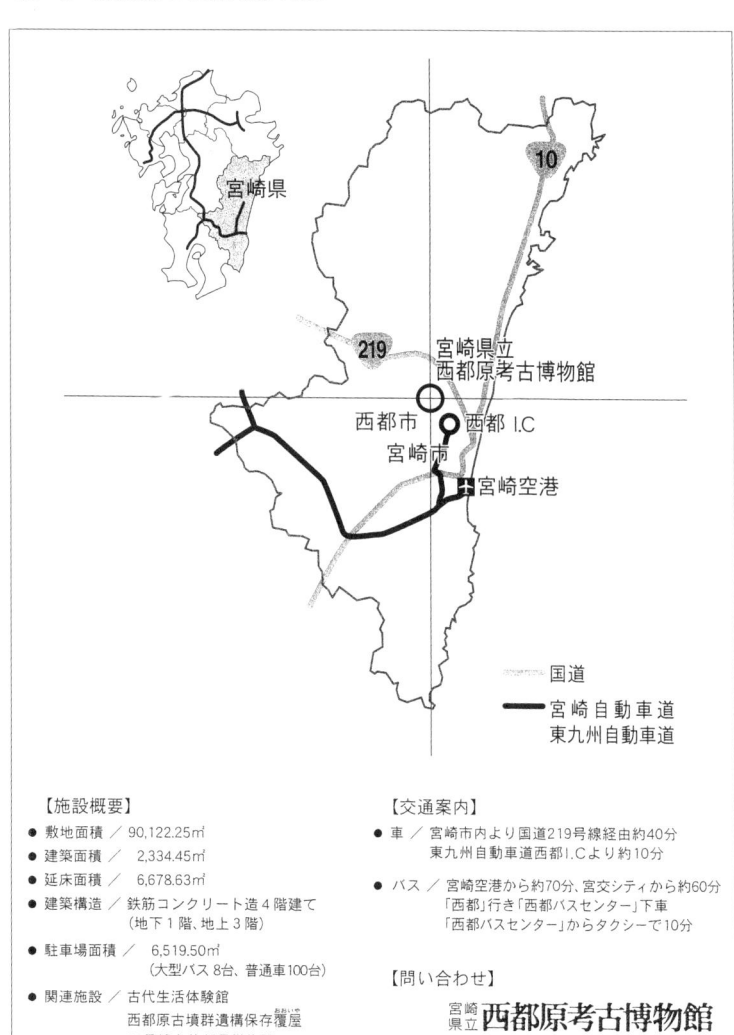

- 敷地面積 ／ 90,122.25㎡
- 建築面積 ／ 2,334.45㎡
- 延床面積 ／ 6,678.63㎡
- 建築構造 ／ 鉄筋コンクリート造４階建て（地下１階、地上３階）
- 駐車場面積 ／ 6,519.50㎡（大型バス8台、普通車100台）
- 関連施設 ／ 古代生活体験館
  西都原古墳群遺構保存覆屋（おおいや）
  13号墳主体部見学施設
  4号地下式横穴墓保存見学施設

【交通案内】

- 車 ／ 宮崎市内より国道219号線経由約40分
  東九州自動車道西都I.Cより約10分
- バス ／ 宮崎空港から約70分、宮交シティから約60分
  「西都」行き「西都バスセンター」下車
  「西都バスセンター」からタクシーで10分

【問い合わせ】

宮崎県立 西都原考古博物館
〒881-0005 宮崎県西都市大字三宅字西都原西5670番
TEL: 0983-41-0041／FAX: 0983-41-0051
http://saito-muse.pref.miyazaki.jp

図76　宮崎県立西都原考古博物館の概要

収蔵展示室を設け、多くの史資料の収蔵状態を見ることができる。まず、〈知〉への入口の大きな障壁（バリアー）を取り去りたかったのである。そして、視覚障害者、外国人、子供から高齢者まで有効なものとして「立体絵文字」が考案され、館内案内・誘導の役割を果たしている。音声ガイドシステムについても、耳や手を完全に塞ぐことのない肩口にスピーカーを備えたジャケット（ベスト）形を選択している。

調査研究の面では、大きな柱として六〇〇体に

図77　露出（オープン）展示

図78　音声ガイドとハンズオン土器

図79　収蔵展示室から見た人骨収蔵庫

及ぶ古墳時代人骨・保存状態の良好な鉄製武器武具類・有効な地中探査などを設定している。歴史的解明のための調査研究は、整備活用にとっても不可欠であり、大正時代の発掘調査の成果を踏まえつつ、史的変遷についての仮説の提出とその検証の実践は、今後もつづいていく。

運営については、ＮＰＯ法人による運営支援（ボランティア・スタッフのコーディネイト、ミュージアムショップの運営ほか）を得て、展示の解説・古墳群の案内・古代生活の体験等もボランティア・スタッフに支えられている。

Ⅷ　西都原古墳群から世界史が見える

の柱として、一元集中的な拠点的勢力を形成することはせずに、小集団による地域の自立と小集団間の経路を維持したことで、独自の「薩摩国」を形成し得たのである。

　再度確認しておくが、畿内・瀬戸内地域から海岸線平野部を起点として、東から西に広がる波紋ばかりではなく、大陸・半島に面した九州島の西海岸、南海の島々とつながる九州島の南端を起点として、西から東へと広がる波紋があった。

　詳細は省くが、これを象徴的に、前方後円墳的世界と地下式横穴墓的世界、あるいは畿内的世界

扇の要から辺境へ

　貝輪の伝播経路は、弥生時代において九州島の西側を経由するが、これは古墳時代においても変わることはない。一六九号墳（飯盛塚）の副葬品にも貝輪が見られるのは東側の経路が新たに開発されたのではなく、旧来の西側経路を踏襲し、薩摩半島から内陸部都城盆地を中継基地として、えびの市・国富町などへと広がったその一つである。後の中世から近世にかけて南九州の覇者島津氏は、まさにこの逆の経路をたどることで、南島との交易を掌握し、この交易と畑作を中心とした農業とを基盤

と熊襲・隼人的世界といってもよい。そして、その両者の波紋の最も強く共鳴し合う地点こそ、西都原古墳群の位置であり、日向国府の位置であった。

こうして扇の要であった西都原の位置は、中世から近世への転換期には一ツ瀬川から小丸川の間の地域が最前線となり、近世以降は諸藩の監視体制を強化するため西都の地は幕府直轄地の御料（天領）となった。それは、かつて古墳時代において西都原古墳群が在地勢力との協同のなかで南九州の連合体を形成したのとは大きく異なるものであった。

大陸・半島そして列島弧

弥生時代をもたらした農耕文化という大きな波の次に、古墳時代において列島弧に押し寄せた大きな波は騎馬文化であった。

後漢（二五〜二二〇年）が滅び、三国時代（二二〇〜二八〇年）には魏・呉・蜀と大きく分かれたが、西晋（二六五〜三一六年）に統一される。これらが水田農耕を基盤とする列島弧での弥生時代から古墳時代初頭の時代であった。その頃、北方の遊牧・騎馬民族による圧迫は後漢末から顕著になっていたが、五胡十六国時代（三〇四〜四三九年）において、はじめて万里の長城を南下して匈奴・鮮卑などといった遊牧・騎馬民族が小国を建設した。次の南北朝時代（四三九〜五八九年）には鮮卑系の遊牧・騎馬民族によって北魏として華北が統一され、遊牧・騎馬国家としていっそう漢民族を圧迫した。この大陸の波はすぐに半島に及んだ。こうした時代が古墳時代の本格化した時期であった。

半島では、馬韓（マハン）・辰韓（チンハン）・弁韓（ピョンハン）の三韓の原三国時代から、高句麗（コグリョ）・百済（ペクチェ）・新羅（シルラ）そして加耶（カヤ）が大きく揺れ動いた三国時代、なかでも小国の分立する加耶地域で、釜山（プサン）・金海（キメ）を中心とした金官（クンガン）加耶から高霊（コリョン）・陜川（ハプチョン）を中心とした大（テ）加耶へと、五世紀中葉を境として勢力図が変化するなか、さらに多くの文物や人びとが列島弧へ渡ってきた。そして統一を進める新羅によって、五三二年に金官加耶、五六二年に大加耶、六六〇年に百済、六六八年に高句麗も滅ぼされる。こうした時期に、江上波夫の「征服国家」というように過激なものではなかったものの、騎馬文化が半島を経由して列島弧に、そしてこの南九州の地に渡って来たことは確実である。

　大陸や半島から人びとがやって来た。本人自身がそうであり、親あるいは数世代の先祖がそうであったかもしれない。あるいはたいせつな隣人がそうした人びとであったかもしれない。そうして、大陸や半島の鼓動を自らのものとして感じ、命をともにした人びとがいたのである。

参考文献

赤塚次郎　一九九九　「愛知県断夫山古墳」『季刊　考古学』第六八号、雄山閣出版、六七～六八頁

ウィリアム・ゴーランド　一九八一　『ゴーランド考古論集　日本古墳文化論』創元社

筌瀬明宏・津曲大祐　二〇〇三　『堂ヶ嶋第二遺跡』西都市埋蔵文化財発掘調査報告書第三三集、西都市教育委員会

岡田茂弘　一九六八　「西都原古墳群に『風土記の丘』建設」『月刊考古学ジャーナル』第一六号、ニュー・サイエンス社、一二～一四頁

置田雅昭・高野政昭ほか　二〇〇四　『地下（立坑）式横穴墓と墳丘の相関関係』天理大学

川西宏幸　一九七八　「円筒埴輪総論」『考古学雑誌』第六四巻第二号、日本考古学会

高橋克壽　一九九三　「西都原一七一号墳出土埴輪について」『宮崎県史研究』第七号、宮崎県、三九～五九頁

田中　琢　一九八一　『古鏡』日本の美術・第一七八号、至文堂

田中良之　一九九五　『古墳時代親族構造の研究―人骨が語る古代社会―』柏書房

田辺昭三　一九八一　『須恵器大成』角川書店

都出比呂志　一九七九　「前方後円墳出現期の社会」『考古学研究』第二六巻第三号、考古学研究会、一七～三四頁

都出比呂志　一九八九　「前方後円墳の誕生」『古代を考える古墳』吉川弘文館、一～三五頁

都出比呂志　一九九八　「墳丘の型式」『古墳時代の研究 七・古墳Ⅰ・墳丘と内部構造』雄山閣、一五～三八頁

坪井清足　一九八六　『古代追跡―ある考古学徒の回想』草風館

寺沢　薫　二〇〇〇　『王権誕生』日本の歴史０２、講談社

永山修一　一九九八　「第一章　日向国の成立」『宮崎県史　通史編・古代2』、宮崎県、三～二〇九頁

日高正晴　一九九七　「原田仁の思い出」『宮崎県史叢書しおり』宮崎県総務部県史編さん室、一～四頁

福永伸哉　一九九四　「仿製三角縁神獣鏡の編年と製作背景」『考古学研究』第四一巻第一号、考古学研究会、四七～七二頁

北郷泰道　一九八〇　「日向の古墳文化」『歴史手帖』第八巻第一一号、名著出版、一〇～一五頁

北郷泰道　一九八六　「南境の民の墓制」『えとのす』三一、新日本教育図書、一〇八～一一二頁

北郷泰道　一九九四「武装した女性たち　―古墳時代の軍事編成についての覚書―」『考古学研究』第四〇巻第四号、考古学研究会、一三三～一四一頁
北郷泰道　一九九五「日向」『全国古墳編年集成』雄山閣出版、一二一～一五頁
北郷泰道　一九九八「測量図は語る　―男狭穂塚・女狭穂塚の調査から―」『宮崎日日新聞』四月一三日付け
北郷泰道　二〇〇三「宮崎県立西都原考古博物館（仮称）」『立正博物館学課程年報』第五号、立正大学博物館学芸員課程、一二～一五頁
北郷泰道　二〇〇四「それでも騎馬文化はやってきた」『それでも騎馬文化はやってきた』特別展図録、宮崎県立西都原考古博物館、一四～一七頁
松浦宥一郎・古谷毅ほか　二〇〇五『重要文化財西都原古墳群出土　埴輪子持家・船』東京国立博物館所蔵重要考古資料学術調査報告書、東京国立博物館
松林豊樹　二〇〇二『西都原一〇〇号墳』特別史跡西都原古墳群発掘調査報告書　第三集、宮崎県教育委員会
蓑方政幾・東　憲章　一九九六『西都原地区遺跡』西都市埋蔵文化財発掘調査報告書第二二集、西都市教育委員会
柳　宏吉　一九九〇『柳宏吉著作集』第一巻　日向古代史の研究、宮崎県総合博物館
柳沢一男　二〇〇〇「西都原古墳群」『季刊　考古学』第七一号、雄山閣出版、四九～五三頁
柳沢一男　二〇〇三「南九州における古墳の出現と展開」『前方後円墳築造周縁域における古墳時代社会の多様性』第六回　九州前方後円墳研究会、一～二六頁
吉村和昭　二〇〇三「地下式横穴墓出土の甲冑」『古代近畿と物流の考古学』学生社、一五九～一六八頁

おわりに

一九九三（平成五）年からこの一〇年ほど、埋蔵文化財の保護行政と共に、西都原古墳群の保存整備と考古博物館の構想から立ち上げに携わってきた。中でも特に、考古博物館づくりは刺激的な仕事の一つであった。内部的なプロジェクトもさることながら、博物館づくりの企画・設計・映像などの専門家達との協同は、考古学を展示という手法でいかに表現するのかという躍動的な「知」的営みとして重い意味を持った。考古学の領域以外の人々との協同は、専門性の中で時に失いがちな、いろいろな気づきをもたらしてくれる。

最後に、共に歩いたそうした個性的で多彩な才能に感謝したい。

なお、各遺跡の発掘調査報告書については、引用等で明記したもの以外については、その一つ一つを目録化していない。開発事業に伴う発掘調査報告書については西都市教育委員会、古墳群整備に伴う発掘調査報告書については宮崎県教育委員会から、それぞれ刊行されているので、参照いただきたい。

また資料の提供等について以下の方々にお世話になりました。記して感謝申し上げます。

犬木　努・柄本久子・津曲大祐・ディーン　グ

ッドマン・二宮満夫・東　憲章・日高正晴・福尾正彦・古谷　毅・松林豊樹・蓑方政幾・柳沢一男・吉村和昭

株式会社乃村工藝社・宮内庁書陵部陵墓課・西都市教育委員会・文化庁文化財部記念物課・宮崎県教育委員会文化課・宮崎県立西都原考古博物館・宮崎県埋蔵文化財センター

二〇〇五年八月

北郷泰道

〈補記―改訂版について―〉

このたび改訂版を刊行するにあたり、現時点における最新の調査成果を踏まえ、古墳群内の古墳数や年代観など、初版刊行時と変わっている事象は可能なかぎり修正した。

二〇一八年八月

著者

菊池徹夫
坂井秀弥　企画・監修「日本の遺跡」1

改訂版　西都原古墳群（さいとばるこふんぐん）

■著者略歴■

北郷泰道（ほんごう・ひろみち）

1953年、宮崎県生まれ

立正大学文学部史学科考古学専攻卒業

元宮崎県立西都原考古博物館主幹、宮崎公立大学非常勤講師、宮崎県埋蔵文化財センター所長、南九州大学非常勤講師

主要著書等

「祖母・傾山系山岳地域論序説」『考古学研究』1978年

『熊襲・隼人の原像』吉川弘文館、1994年（第5回宮日出版文化賞受賞）

「考古学の散策道」『宮崎日日新聞』1997年（連載）

2005年8月10日　初版発行

2018年10月10日　改訂版第1刷

著　者　北郷　泰道

発行者　山脇　由紀子

印　刷　亜細亜印刷㈱

製　本　協栄製本㈱

発行所　東京都千代田区飯田橋4-4-8　東京中央ビル内　（株）同成社

TEL 03-3239-1467　振替 00140-0-20618

ISBN978-4-88621-808-7 C3321